HEAVY**METAL**
RHYTHMUSGITARRE

Der Essentielle Leitfaden für Heavy Metal Rockgitarre

ROB**THORPE**

FUNDAMENTAL**CHANGES**

Heavy Metal Rhythmusgitarre

Der Essentielle Leitfaden für Heavy Metal Rockgitarre

Veröffentlicht von **www.fundamental-changes.com**

ISBN: 978-1-78933-142-4

Copyright © 2019 Rob Thorpe

Herausgegeben von Joseph Alexander

Das moralische Recht dieses Autors wurde geltend gemacht.

www.fundamental-changes.com

Cover-Bild Copyright Shutterstock: Melis

Mit besonderem Dank an Hagen Sagasser für die wertvolle redaktionelle Mitarbeit.

Inhaltsverzeichnis

Dieses Buch ist ein umfassender Leitfaden für Gitarristen, die die wesentlichen Techniken und Konzepte im Metal beherrschen wollen. Es beinhaltet eine Fülle von Material, das sowohl für Anfänger als auch für Fortgeschrittene zugänglich, aber dennoch anspruchsvoll ist.

Metal Rhythmusgitarre untersucht das Gitarrenspiel von den Wurzeln des Metal Mitte der 1960er Jahre, von Bands wie Led Zeppelin und Deep Purple, und die New Wave der britischen Heavy Metal Bands der späten 70er und frühen 80er Jahre wie Judas Priest, Saxon und Iron Maiden. Der Thrash Metal von Bands wie Metallica und Slayer wird ebenso betrachtet, sowie Bands wie Death, Pantera und Meshuggah, die den Stil weiterentwickelten und die technischen Möglichkeiten erweiterten.

Wo kommt Metal her? Welche war die erste echte Heavy Metal Band?

Fans und Musikwissenschaftler haben Antworten auf diese beiden Fragen vorgeschlagen, aber meiner Meinung nach wurde Heavy Metal 1969 in Birmingham, England, mit dem Glockenspiel, dem Donner und dem krachenden Gitarrenriff geboren, dass das erste Album von Black Sabbath eröffnete.

Sabbath Gitarrist Tony Iommi arbeitete in den Stahlwerken vom damals noch industriell geprägtem Birmingham und die Maschinengeräusche beeinflussten höchstwahrscheinlich die ominösen, dunklen Rhythmen der Musik von Black Sabbath. Geezer Butler, der Bassist von Black Sabbath, schrieb viele der Texte der Band. Sein Interesse an Religion, Fantasy, Okkultismus und Horror verband die lyrischen Inhalte mit der industriell klingenden Musik.

Damals hatten sich viele Bands in eine immer härtere Richtung bewegt, aber bis dato war der Sound stets dem Blues-Rock verbunden. Black Sabbath brachte viele Bestandteile in die Musik ein, die wir heute als wesentliche Merkmale des „Heavy Metal" betrachten und zum ersten Mal trat der Blues in den Hintergrund.

Die nächste Generation von Rockmusikern nahm den Einfluss von Sabbath, Zeppelin, Mountain und anderen Hard Rock Bands, destillierte den schwereren Ton und die dunklen lyrischen Themen und ließ sie weiter von den damaligen Rock- und Popmusiktrends abweichen.

Während der Progressive Rock ungewöhnliche Songformen und klassische Einflüsse erforschte, kreierten New Wave of British Heavy Metal (NWOBHM)-Bands wie Judas Priest, Saxon und Iron Maiden dramatische Songs, die kraftvolle Instrumentalmusik mit der opernhaften Gesangskraft von Sängern wie Bruce Dickinson in Einklang brachten.

Unterdessen waren die Musiker in San Francisco, Kalifornien, sowohl von den NWOBHM-Bands als auch von der schnelleren, aggressiveren Entwicklung des Punkrock, dem so genannten Hardcore, beeinflusst worden. Hardcore-Punk explodierte Ende der 70er Jahre in Südkalifornien und ganz Amerika, angeführt von Bands wie Black Flag. Diese Musiker entwickelten dann den Thrash Metal. Schlüsselpersonen waren Dave Mustaine, James Hetfield, Jeff Hanneman und Scott Ian, die in mehreren namhaften Bands spielten, bevor sie Metallica, Slayer und Anthrax gründeten.

Thrash Metal übernahm auch die DIY-Ethik von Indie-Plattenlabels, die Hardcore-Punk kennzeichneten.

Als diese Thrash Metal-Bands ihre herausragenden Alben wie *Master of Puppets* (Metallica, 1986) und *Rust in Peace* (Megadeth, 1990) aufnahmen, war ihr Sound extrem aufpoliert und die Komplexität der Kompositionen hatte sich aus ihren von Punk beeinflussten Anfängen stark weiterentwickelt.

Nach der Aneignung und Weiterentwicklung des Thrash Metal von einer neuen Generation, wurde Death Metal geboren, mit wichtigen Death Metal Szenen in Florida und Skandinavien. Die Zutaten des Thrash

Metal (gutturaler Gesang, schnelle Double Kick-Drums und komplizierte, technische Gitarrenriffs) wurden im Death Metal auf die Spitze getrieben. Ebenso entwickelte sich die düstere, lyrische Thematik zu immer lebendigeren Darstellungen expliziter, satanischer Bilder.

Zur gleichen Zeit brachten andere Bands die Rockmusik in eine neue Richtung. Anstatt immer aggressivere Musik zu erforschen, bauten sie auf melodischen und theatralischen Elementen von Bands wie Iron Maiden auf. Power Metal bildete sich Mitte der 80er Jahre mit europäischen Bands wie Helloween, Blind Guardian und Stratovarius und zeichnete sich durch einen sinfonischen Sound aus, der Keyboards, Gesangsharmonien, orchestrale Elemente und Folkmelodien zu reichhaltigen Texturen kombinierte. Die Texte stammen häufig aus heidnischen Mythen oder von Fantasy-Autoren wie J.R.R. Tolkien und H.P. Lovecraft.

Die Upbeat-Harmonien und melodischen Hooks des Power Metal wurden mit der Komplexität und dem theatralischen Einfluss der Progressive Bands wie Yes und Rush zu Progressive Metal kombiniert. Dieses Subgenre legte die Messlatte für Virtuosität höher und besaß technisch anspruchsvolle Instrumentalparts, einen starken Gesang und komplexe Songstrukturen. Zu den ersten Pionieren gehörten Fates Warning und Queensrÿche, gefolgt von Dream Theater und Symphony X.

Egal, mit welchem Subgenre des Metal du verbunden bist, die folgende Reise durch die Entwicklung des Metal-Gitarrenspiels wird dir helfen, die Musik zu verstehen und authentisch spielen zu können. Das Verständnis, wie sich ein Stil entwickelt hat, wird dazu beitragen, dich zu einem vielseitigen und sachkundigen Musiker zu machen.

Dieses Buch behandelt die wichtigsten Konzepte und Techniken, die *allen* Stilrichtungen des Metal gemein sind und können nach Belieben angewendet werden. Es gibt eine logische Entwicklung vom klassischen Hardrock hin zu technisch anspruchsvolleren modernen Metal-Ideen. Dabei werden wir alle relevanten Musiktheorien wie Skalen, Rhythmus und Harmonie abdecken und lernen, wie man diese Komponenten auf der Gitarre anwendet.

Am Ende des Buches wirst du eine starke Gitarrentechnik und ein Verständnis für die Mechanik der Metal-Gitarre entwickelt haben, die es dir erlaubt, deine eigenen Songs zu schreiben.

Viel Spaß mit den nun folgenden Ideen! Sei kreativ und experimentiere mit ihnen, so kannst du für dich den besten Nutzen aus diesem Buch ziehen und, was dabei noch wichtiger ist, als Musiker schnell große Fortschritte erzielen, die dein Spiel verbessern werden.

Viel Erfolg und viel Spaß!

Rob Thorpe

Hol dir das Audio

Die Audiodateien zu diesem Buch können unter www.fundamental-changes.com kostenlos heruntergeladen werden. Der Link befindet sich oben rechts in der Ecke. Wähle einfach diesen Buchtitel aus dem Dropdown-Menü aus und folge den Anweisungen, um das Audio zu erhalten.

Wir empfehlen dir, die Dateien direkt auf deinen Computer herunterzuladen, nicht auf dein Tablet, und sie dort zu extrahieren, bevor du sie zu deiner Medienbibliothek hinzufügst. Du kannst sie dann auf dein Tablet, deinen iPod legen oder auf CD brennen. Auf der Download-Seite gibt es ein Hilfe-PDF und wir bieten auch technischen Support über das Kontaktformular an.

Für über 350 kostenlose Gitarrenstunden mit Videos besuche:

www.fundamental-changes.com

Facebook: FundamentalChangesInGuitar

Instagram: FundamentalChanges

Grundlagen: Rhythmus und Notation

Bevor wir beginnen, wird es hilfreich sein zu lernen, wie man Rhythmen spielt und notiert. Dies wird dir helfen, die Musik, die du schreibst oder transkribierst, zu notieren und effizient zu üben.

Notenwerte und einfacher Takt

Die musikalische Notation kombiniert Informationen über die Tonhöhe und die Dauer einer Note. In der Gitarrentabulatur fehlen die Rhythmen oft gänzlich, was die Musik schwer verständlich machen kann. Das Lesen rhythmischer Notation hilft dir zu verstehen, wie man Musik spielt, ohne sie vorher hören zu müssen.

Die westliche Musik ist in *Takte* unterteilt, die zeigen, wie die Musik zu phrasieren ist. Die Takte werden dann weiter in einzelne *Taktschläge* unterteilt. In der Rockmusik gibt es meistens vier Taktschläge in jedem Takt, was durch eine *Taktart* am Anfang der Noten angezeigt wird.

Abbildung 1 zeigt zwei Takte im **4/4 Takt**. Jeder Takt enthält vier 1/4-Notenschläge. Die Zahlen unter der *Notenzeile* (Musiknotation) veranschaulichen, wie man durch die Takte zählt. Es mag einfach erscheinen, aber laut zu zählen, wenn man spielt, wird später sehr hilfreich sein, wenn man kompliziertere Rhythmen spielt.

Abb. 1:

Einige Noten dauern länger als ein Schlag. Abbildung 2 zeigt *ganze Noten* (vier Taktschläge) und *1/2 Noten* (zwei Taktschläge).

Abb. 2:

Die rhythmische Notation ist sehr logisch, da jeder Notenwert in einfache Teilungen von Takten und Taktschläge zerlegt wird. Eine Taktart mit einer ‚4‘ unten (wie 4/4) bedeutet, dass jeder Taktschlag immer in Vielfache von zwei unterteilt wird. Das folgende Beispiel zeigt, wie jeder 1/4-Noten-Takt in 1/8-Noten (zwei Noten pro Takt) und 1/16-Noten (vier Noten pro Takt) unterteilt werden kann.

Schaue dir die Zählweise unter jeder Notenzeile an. Der Basispuls 1, 2, 3, 4 sollte in der gleichen Geschwindigkeit (Tempo) bleiben, während die kürzeren Notenwerte gleichmäßig in jedem Taktschlag verteilt werden. Jedes Mal, wenn wir eine Note *unterteilen,* fügen wir dem Hals der Note eine weitere *Fahne* hinzu.

Abb. 3:

Punktierte Noten

Es können auch *punktierte Noten* verwendet werden. Das Hinzufügen eines Punktes neben dem Notenkopf verlängert die Länge einer Note um die Hälfte ihres ursprünglichen Wertes. Die punktierte 1/2-Note im folgenden Beispiel dauert drei Schläge (1/2 + 1/4). Das gleiche Konzept gilt für jeden Notenwert.

Im zweiten Takt dauern die punktierten 1/4-Noten jeweils drei 1/8-Noten. (1/4 + 1/8)

Abb. 4:

Pausen

Neben der Definition der Länge jeder Note die gespielt wird, brauchen wir eine Möglichkeit, den Abstand zwischen den Noten zu notieren, wenn wir keine Noten spielen. Dies ist die Aufgabe von *Pausen* und jede Note hat einen entsprechenden Pausenwert.

Die Symbole für Pausen sind in Abbildung 5 dargestellt.

Abb. 5:

Betrachte nun die folgenden Abbildungen, um Kombinationen von Notenwerten zu sehen, die in realen musikalischen Situationen auftreten können.

Klatsche, oder schlage einen gedämpften Akkord an, um die folgenden Rhythmen zu spielen. Sie sind als Audiobeispiele enthalten, so dass du sie im Kontext hören kannst.

Abb. 6a:

Abb. 6b:

Triolen und zusammengesetzte Taktarten

Eine Triole besteht einfach aus drei Noten, die gleichmäßig über einen einzelnen 1/4-Noten-Taktschlag verteilt werden.

Das folgende Beispiel zeigt einen Takt von 4/4 mit Triolen auf den Schlägen zwei, drei und vier. Beachte, wie sie gezählt werden.

Abb. 7a:

Triolen haben ein erkennbares Gefühl, das dir wahrscheinlich ziemlich vertraut sein wird. Man kann sie in Iron Maidens *Phantom of the Opera* und Black Sabbaths *Black Sabbath* (ab 4:35) hören.

Wenn Triolen als Grundlage für ein Musikstück verwendet werden, kann zur Vereinfachung der Notation eine andere Taktart verwendet werden. *12/8* ist ein Beispiel für *zusammengesetzte Taktarten* und bedeutet, dass es immer noch vier gerade Taktschläge in jedem Takt gibt, aber jetzt hat jeder Taktschlag drei Unterteilungen anstatt zwei.

Abbildung 7b würde wie ein Takt von Triolen in 4/4 klingen, aber jetzt sind die Taktschläge natürlich in Dreier unterteilt. So ist jeder Taktschlag eigentlich eine punktierte 1/4-Note, wie das Metronomzeichen zeigt.

Abb. 7b:

♩.=100bpm

1   &   a   2   &   a   3   &   a   4   &   a

Es kann zu Verwirrung über den Unterschied zwischen den Taktarten in *3/4* und *6/8* kommen, da sie beide insgesamt sechs 1/8-Noten enthalten. Der wichtige Unterschied besteht darin, dass jeder Taktschlag unterschiedlich aufgeteilt ist.

In Abbildung 8a gibt es drei gleichmäßige Taktschläge und jeder einzelne ist in zwei-1/8 Noten unterteilt.

In Abbildung 8b wird die *6/8*-Taktart in zwei Taktschläge unterteilt, wobei jeder Taktschlag in drei 1/8-Noten unterteilt ist.

Abb. 8a:

♩=100bpm

1   2   3   1   &   2   &   3   &

Abb. 8b:

♩=66bpm

1   2   1   &   a   2   &   a

Einfach ausgedrückt, hat der ¾ Takt drei starke Pulse, die in zwei geteilt werden, während der 6/8 Takt zwei starke Pulse hat, die dreigeteilt werden.

Dieser Abschnitt behandelt die Grundlagen des Lesens von rhythmischer Notation. Wir werden im Laufe der Zeit andere Teile der Notation behandeln, aber dieser Abschnitt bildet die Grundlage für alles, was folgt.

Mach dir keine Sorgen, wenn dies neu für dich ist, jedes Beispiel in diesem Buch ist auf den begleitenden Audiobeispielen zu hören. Du kannst sie unter http://www.fundamental-changes.com/download-audio herunterladen.

Kapitel Eins: Wurzeln des Metal

Wir beginnen mit der Erforschung der frühen, vom Blues beeinflussten Stile von Hard Rock und Heavy Metal. Das Vokabular der Musik von Bands wie Deep Purple, Led Zeppelin, Cream, Black Sabbath und The Jimi Hendrix Experience legte schließlich den Grundstein für die Entwicklung des Heavy Metal.

Diese Bands hatten den Rock ‚n' Roll als Inspiration, aber ihre Abenteuerlust und der psychedelische Experimentiergeist der 60er Jahre stützte sich bei der Suche nach einem neuen Sound auf Folk-, Klassik- und Jazz-Einflüsse.

Die ersten musikalischen Beispiele zeigen, wie die Mollpentatonik in Rock-Riffs eingesetzt wird. Die fünftönige Mollpentatonik ist die Grundlage der meisten Blues-Melodien und macht sie zu einem unverzichtbaren Klang, unabhängig von deinem Musikgeschmack.

Zuerst haben wir ein Riff, welches den Ideen von Jimmy Page und Richie Blackmore ähnelt und auf der e-Mollpentatonik-Skala basiert.

Beispiel 1a:

Alle Riffs in diesem Buch werden durch die Art und Weise wie du sie spielst zum Leben erweckt, also stelle sicher, dass du sie mit viel Attitüde spielst.

Versuche, den Beispielen in diesem Buch subtile Vorschläge (Vorschlagsnoten), Slides und Vibrato hinzuzufügen, wie ich es auf dem Audiobeispiel tue. Es sind diese kleinen Details, die einfachen musikalischen Phrasen viel Charakter verleihen können.

Im nächsten Beispiel bedeutet die 12/8-Taktart, dass jeder Taktschlag in drei gleiche Noten aufgeteilt wird, ein Gefühl, das von den Blues-Ursprüngen des Heavy Metals übernommen wurde. Höre dir das Audio an und du hörst den charakteristischen ‚1&a 2&a'-Groove.

Beispiel 1b:

Das nächste Riff zeigt ein Mittel namens *Antizipation,* das eine Form der *Synkopierung* (Spielen zwischen den Taktschlägen) ist. Das Vorwegnehmen des Taktschlags gibt dem Riff eine Vorwärtsbewegung und Energie.

Vergleiche das folgende Beispiel mit den beiden vorherigen und versuche zu erkennen, warum es anders klingt. Vergleiche die Musik von Black Sabbath und AC/DC und du wirst hören, dass AC/DC viel Antizipation nutzt, während die Sabbath-Rhythmen normalerweise direkt auf den Taktschlag fallen.

Beispiel 1c:

Um synkopierte Riffs präzise wiederzugeben, bewege deine Anschlagshand kontinuierlich in einer Down-Up-Strumming-Bewegung, auch wenn keine Noten zu spielen sind. Auf diese Weise kannst du mit dem Puls der Musik Schritt halten.

Betrachte deine Anschlagshand als einen Mini-Dirigenten, der den Takt für dich hält, oder als die Nadel an einem Plattenspieler, so dass der Klang nur dann erzeugt wird, wenn dein Plektrum in Kontakt mit den Saiten steht.

Im nächsten Beispiel werden Doppelgriffe verwendet, um einen fetteren Sound zu erzeugen. Um ein bluesiges Gefühl zu bekommen und um ein gutes Vibrato zu erreichen, leg den ersten oder dritten Finger flach auf das Griffbrett, um jeden Doppelgriff zu spielen.

Viele klassische Riffs von Bands wie Deep Purple und Led Zeppelin verwenden Doppelgriffe (wie bei dem allgegenwärtigen Song: *Smoke on the Water).*

Beispiel 1d:

Das nächste Beispiel zeigt dir, wie man ein tiefes, geshuffeltes Em-Riff spielt. Diese Idee könnte leicht von Black Sabbath oder den späteren „Stoner" Metal-Bands wie Kyuss kommen. Sie zeigt den nachhaltigen Einfluss des frühen Metals.

Die musikalische Entfernung vom Grundton einer Skala zu b5 (z. B. E bis Bb) wird als *Tritonus* bezeichnet. Wenn ein Tritonus isoliert gespielt wird, hat er einen sehr dunklen und dissonanten Charakter und kann einen finsteren oder „bösen" Klang erzeugen.

Um ein isoliertes Tritonus-Intervall zu hören, höre dir das Intro zu Jimi Hendrix' *Purple Haze* oder Black Sabbaths *Black Sabbath an*.

Wir werden uns später genauer damit befassen, wie man den Tritonus beim Riff-Schreiben effektiv einsetzen kann.

Beispiel 1e:

Riffs mit pentatonischen Skalen bauen

Die folgenden Ideen betrachten einige andere pentatonische Skalenformen, die verwendet werden können, um neue Riffs und Ideen zu kreieren.

Vielleicht kennst du bereits die pentatonischen „Box"-Formen, die Gitarristen oft verwenden. Diese Skalen sind sehr effektiv bei der Entwicklung des Lead-Gitarren-Vokabulars, sie können aber auch auf andere Weise verwendet werden, um Metal-Gitarrenriffs zu erstellen.

Metal-Gitarrenriffs werden normalerweise auf den tiefsten Saiten der Gitarre gespielt, also werden wir uns im Moment darauf konzentrieren und lernen, die Skalen auf diesen Saiten hoch und runter zu spielen.

Das folgende Beispiel zeigt die e-Moll-Pentatonik, die auf der tiefen E-Saite gespielt wird. Wenn du lernst, die Form und Reihenfolge dieser *Intervalle zu* erkennen, wird es sowohl für dein Spiel- als auch für dein Griffbrettwissen von Vorteil sein.

Beispiel 1f:

Beispiel 1g zeigt, wie dieser Ansatz mit einzelnen Saiten musikalisch genutzt werden kann. Beachte, wie die subtilen Slides dazu beitragen, die Positionsverschiebungen zu glätten und das Riff musikalischer zu gestalten. Das ganze Riff kann mit dem Zeige- und Ringfinger gespielt werden.

Beispiel 1g:

Wenn wir nur auf der tiefen E-Saite bleiben, können wir den dicken, gleichmäßigen Klang beibehalten, der bei Metal-Rhythmusgitarren oft wichtig ist.

Durch die Neuordnung der Noten und die Verwendung unterschiedlicher Phrasierungen können viele verschiedene Ideen entstehen.

Jetzt, da wir wissen, wie die e-Moll-Pentatonik auf der unteren Saite klingt, können wir die Skala auf die unteren drei Saiten ausdehnen. Beachte, dass jedes Fragment die gleichen fünf Noten enthält, die jedes Mal von einem anderen Punkt aus beginnen.

Beispiel 1h:

Fließende horizontale und vertikale Muster ermöglichen es dir, über das gesamte Griffbrett zu navigieren, während du dich innerhalb der e-Mollpentatonik bewegst.

Kombinieren wir die beiden vorherigen Übungen und steigen wir von der offenen E-Saite bis zum vierzehnten Bund auf.

Beispiel 1i:

Versuche diese verschiedenen pentatonischen Formen zu erforschen, indem du dir deine eigenen Riffs ausdenkst und sie wie geschrieben spielst.

Ein interessanter Ansatz um klassische groovige Riffs zu bauen, besteht darin, einen Rhythmus mit gedämpften Noten zu spielen und während man ihn immer wieder wiederholt, allmählich pentatonische Noten in den Groove einzuführen, bis man einen Loop hat, der sich gut anfühlt und rhythmisches und melodisches Interesse ausgleicht.

Die klassischen Wurzeln des modernen Metal

Einen starken Blues- und Hardrock-Einfluss hört man in Tom Morellos Ansatz zum Riff-Schreiben mit Audioslave. Dimebag Darrell verwendete bei Pantera auch Pentatoniken. Dieser bluesige ‚Swagger‘, kombiniert mit modernem Gitarrensound und virtuoser Umsetzung war der Grund, warum Pantera in den frühen 90er Jahren einen so großen Einfluss auf den Metal hatte.

Im folgenden Riff kann die Bewegung auf dem Griffbrett in Takt eins knifflig sein, aber die meisten Noten können mit dem Zeige- und Ringfinger gespielt werden, während der kleine Finger für das Bb in Takt eins und der Mittelfinger für das Bb in Takt zwei hinzugefügt werden.

Beispiel 1j:

Beispiel 1k zeigt ein weiteres lineares Riff in a-Moll, dass die vorherigen Ideen um eine Saite nach oben verschiebt und andere Ideen verwendet, die wir angesprochen haben, wie b5, Slides und Doppelgriffe. Sei vorsichtig mit den Slides und achte auf die empfohlenen Fingersätze in den Takten drei und vier. Dieses Riff funktioniert auch in der Tonart D, indem es um eine Saite nach oben verschoben wird (ausprobieren!).

Beispiel 1k:

Die folgenden Beispiele von frühem Hard Rock Anfang der 70er Jahre bis hin zu modernem Metal verwenden alle pentatonische Riffs:

Led Zeppelin – Heartbreaker

Black Sabbath – Iron Man

Metallica – Seek & Destroy

Pantera – I'm Broken

Audioslave – Cochise

Kapitel Zwei: Powerchords bewegen

Powerchords bestehen aus zwei Noten: dem Grundton und der Quinte. Diese beiden Noten klingen extrem stabil zusammen, so dass ein Powerchord wie eine dichtere, verstärkte Version des Grundtons klingt.

Diese *Konsonanz* (musikalische Stabilität) sorgt dafür, dass Powerchords gut mit Verzerrungen funktionieren und hilft „Matschigkeit" zu vermeiden, die auftreten kann, wenn volle Dur- oder Moll-Akkorde mit Verzerrung gespielt werden.

Powerchords sind normalerweise eines der ersten Dinge, die moderne Gitarristen lernen, und es gibt Tausende von Rock-Songs, die allein mit Powerchords gespielt werden können. Powerchords werden nicht nur zum Umreißen von Akkordfolgen verwendet, sondern auch zum Verdicken von Single-Note-Riffs.

Das Spielen von Riffs mit Powerchords erfordert mehr Koordination, als nur einen Akkord für einen ganzen Takt zu halten. In diesem Kapitel werden einige Übungen und Riffs besprochen, die dir helfen, diese Fertigkeit zu entwickeln.

Ziel ist es, die Form des Powerchords beim Sliden von einem zum anderen zu erhalten, indem du die Finger in Position hältst und den gesamten Arm vom Ellenbogen aus bewegst. Diese ersten Übungen mögen einfach erscheinen, aber sie sind eine wichtige und elementare Technik für die Rhythmusgitarre.

Im ersten Beispiel sliden wir einfach von einem G-Powerchord hoch zu A. Wichtig ist, dass die offene E-Saite mit dem Ballen der Anschlagshand gedämpft wird, während gespielt wird, aber die Akkorde dürfen richtig klingen. Dies vermittelt dem Riff ein Gefühl von Tiefe und Kontrast.

Beispiel 2a:

Im nächsten Beispiel wird die Slide-Richtung umgekehrt und der Slide beginnt auf einem Off-Beat. Das Timing kann bei diesen Slides ein Problem sein, da sie *legato* (ohne Picking) gespielt werden und viele Spieler sich auf ihre Anschlagshand verlassen, um den Rhythmus zu kontrollieren. Jede Rhythmusgitarrenidee muss rhythmisch tight sein, um mit Bass und Schlagzeug mitzuhalten, also entwickle diese Genauigkeit frühzeitig.

Beispiel 2b:

Als nächstes erweitern wir die Intervalle und fügen sowohl aufsteigende als auch absteigende Slides hinzu. Wenn du merkst, dass du Schwierigkeiten hast, genau am richtigen Bund anzuhalten, kann es hilfreich sein, den Zielbund vorzeitig anzusehen, anstatt nur zu schauen, wie deine Hand den ersten Akkord spielt.

Beispiel 2c:

Das folgende Beispiel gruppiert Slides. Folge zunächst den Picking-Anweisungen, dann spiele für eine zusätzliche Herausforderung nur den ersten Powerchord in jeder Vierergruppe an und slide die folgenden. Dieser Ansatz kann an Kraft verlieren, die die Metal-Gitarre benötigt, aber es ist eine tolle Möglichkeit, dein Timing zu testen.

Beispiel 2d:

Diese nächste Übung verwendet Sliding-Ideen entlang der unteren Saiten. Geh es langsam an und denk daran mit den Augen schneller als die Hand zu sein, wenn die Slides zur kurz oder zu lang sind.

Beispiel 2e:

Die letzte Übung erfordert einige lange Slides entlang des Halses und wird dir helfen, deine Genauigkeit zu verbessern. Dimebag Darrell hatte eine ausgezeichnete Sliding-Technik und konnte den Hals präzise auf und ab fliegen, während er auf der Bühne rockte. Teste dich selbst, indem du beim Spielen vom Gitarrenhals wegschaust und deinen Ohren vertraust, um zu beurteilen, ob du den richtigen Bund getroffen hast. Das zahlt sich aus, wenn es Zeit zum Performen ist!

Beispiel 2f:

Akkorde über die Saiten bewegen

Als nächstes werden wir daran arbeiten, Powerchords über die Saiten zu bewegen. Trotz des geringeren Abstandes kann diese Bewegung schwieriger sein als den Akkord über die Länge einer Saite zu bewegen, denn beim Akkordwechsel müssen die Finger die Saiten kurzzeitig verlassen, wobei die Form des Powerchords intakt bleiben muss.

Beispiel 2g:

Beispiel 2h ist ein etwas kniffligeres Beispiel, das auf der Übung 2g aufbaut, indem es sich einen Bund *und* eine Saite zwischen jedem Akkord bewegt. Beginne mit dem sorgfältigen Erlernen der Akkordbewegungen in einem langsamen Tempo.

Beispiel 2h:

Man kann solche Ideen schnell und präzise im Death Metal und anderen verwandten Genres hören. Ziel ist es, die Hand so wenig wie möglich zu bewegen. Das Halten der Finger in der Nähe der Saiten hilft bei der Geschwindigkeit.

Im folgenden Beispiel bewegen wir uns in Halbtönen entlang des Halses, während wir einen *Pedalton* auf der offenen E-Saite verwenden.

Beispiel 2i:

Versuche die E-Saite *mit der Handfläche zu dämpfen (Palm Muting)*, während die Akkorde vollständig klingen. Höre dir das Audiobeispiel an, um diese Technik in Aktion zu hören. Das Downpicking der Akkorde erzeugt einen aggressiveren Anschlag.

Schließlich gibt es hier noch ein chromatisches Death Metal-Riff. Lerne diese Idee langsam und konzentriere dich auf das Timing. Bei diesem Riff kann sich die Greifhand leicht verspannen, also wenn du das Gefühl hast, dass sie sich versteift, schüttle sie ein wenig aus und versuche es erneut in einem langsameren Tempo. Mit konsequenter Praxis wird sich die Ausdauer und Kraft innerhalb weniger Wochen aufbauen.

Beispiel 2j:

Die folgenden Songs enthalten bewegliche Powerchord-basierte Riffs:

Black Sabbath – N.I.B.

Metallica – Master of Puppets (Strophe)

Slayer – Reborn

Pantera – A New Level

Slipknot – Surfacing (Bridge)

Machine Head – Imperium (Refrain)

Du kannst alle Audiodateien in diesem Buch kostenlos auf www.fundamental-changes.com/download-audio herunterladen.

Kapitel Drei: Entwicklung der Anschlagshand

In den letzten dreißig Jahren haben die technischen Anforderungen des Metal eine immer besser entwickelte Anschlagshand erfordert.

Dieses Kapitel enthält musikalische Beispiele und Übungen, die die Geschwindigkeit und Ausdauer deiner Anschlagshand entwickeln, um Rhythmusparts in Thrash und Death Metal anzugehen.

Es gibt so viele Variationen der Anschlagshand-Position wie es Gitarristen gibt, aber die erfolgreichsten Gitarristen neigen dazu, ähnliche Ansätze zu verfolgen.

Die beiden wesentlichen Aspekte jeder Technik sind eine *entspannte Haltung* und ein *guter Klang*. Damit meine ich, dass du versuchen solltest, jede Spannung in deinen Armen und Händen zu reduzieren und gleichzeitig eine Klangqualität zu erzeugen, die gute Klarheit und guten Attack bietet.

Wenn man Metal spielen lernt, ist man sofort versucht alles schnell zu spielen. Viele junge Gitarristen verkrampfen und krümmen sich über die Gitarre, um die Geschwindigkeit zu replizieren, die sie auf Platten hören, aber Geschwindigkeit ist das Ergebnis regelmäßiger Übung über einen langen Zeitraum.

Wiederholte Belastungsverletzungen in der Greifhand sind bei extremen Metal-Gitarristen keine Seltenheit, obwohl dieses Risiko durch richtiges Aufwärmen und Entspannen der Muskeln beim Spielen stark reduziert werden kann.

Der kraftvolle Saitenanschlag von Gitarristen wie Jeff Hanneman (Slayer) und Chuck Schuldiner (Death) ist das Ergebnis *entspannter* Kontrolle. Schiere Aggression ist kein Ersatz für Entspannung und gute Technik.

Die Bewegung der Greifhand sollte vom Handgelenk ausgehen und nicht von den Daumen- und Zeigefingergelenken. Das Strumming vom Handgelenk ermöglicht mehr Ausdauer, als sich auf die kleinen Muskeln zu verlassen, die jeden Finger steuern, um das Plektrum zu bewegen.

Experimentiere mit dem Winkel des Plektrums, wenn es mit den Saiten in Kontakt kommt. Wenn der Winkel zu flach ist, erzeugt die Saite zu viel Widerstand. Wenn das Plektrum an der Kante auftrifft, ist die Note weniger klar. Viele Metal-Gitarristen bevorzugen ein dickeres, 2 mm Plektrum mit einer scharfen Spitze, um Schwung hinter den Attack zu bringen und durch die Saiten zu gleiten.

Wenn du Rhythmusgitarre spielst, bist du (zusammen mit Bass und Schlagzeug) ein Teil der Rhythmusgruppe der Band. Aus diesem Grund ist Taktgefühl dein Hauptanliegen und ist eigentlich wichtiger als die Ton- oder sogar Notengenauigkeit!

Im Rock und Metal ist es üblich, dass jeder Rhythmusgitarrenpart während der Aufnahme *doppelt* aufgenommen wird. Die doppelten Aufnahmen ergeben einen satten, fetten Klang, den eine Gitarre allein nicht erreichen kann. Wenn du jedoch versuchst, Doppeltracks selbst aufzunehmen, wird die benötigte Genauigkeit, die für die Aufzeichnung auch eines einfachen Riffs erforderlich ist, erheblich erhöht.

Um dein Rhythmusgefühl zu entwickeln, übe immer mit einem Metronom oder einem Drum-Loop. Dies wird dich daran gewöhnen, zu einem externen Beat zu spielen, anstatt mit der Geschwindigkeit, die dir gerade in den Sinn kommt.

Im Takt zu bleiben besteht aus zwei Komponenten:

• Das Tempo gleichmäßig halten.

• Den Beat gleichmäßig aufteilen.

Wenn deine Picking-Technik genauer und sicherer wird, wird die Genauigkeit deiner Unterteilungen besser. Die Aufrechterhaltung eines konstanten *inneren* Pulses ist jedoch viel weniger eine Frage der physischen Technik und kann mit einfachen Übungen und einem langsamen Metronom verbessert werden.

Innere Rhythmusübungen

Beginne, indem du einen einfachen akustischen Rhythmus zu einem Metronom spielst, das auf 160 bpm eingestellt ist. Das Klopfen mit dem Fuß kann beim Taktgefühl helfen, indem es einen regelmäßigen Puls liefert.

Abb. 1:

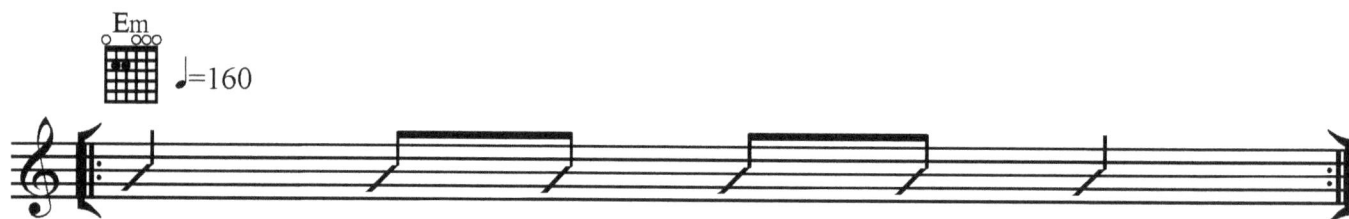

Sobald du das Gefühl hast, dass dein Spiel bei 160 bpm solide ist, stelle das Metronom auf 80 bpm, *spiele* aber *mit der gleichen Geschwindigkeit.*

Abb. 2:

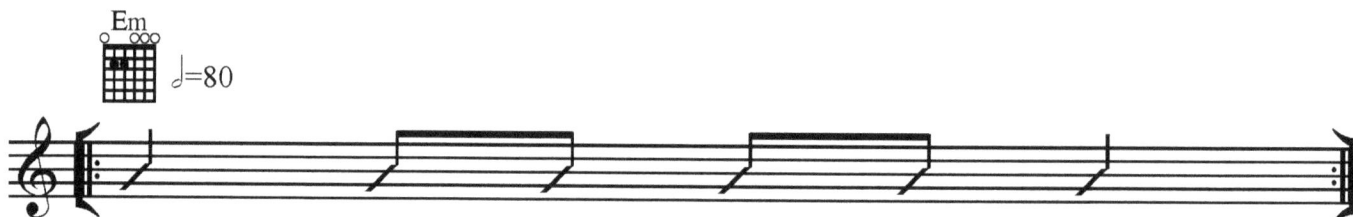

Noch einmal die Hälfte des Klicks mit 40 bpm. Der Klick ist jetzt nur noch auf Taktschlag eins des Taktes zu hören und das genaue Spielen mit einem so langsamen Klick fühlt sich an wie ein Blindflug. Im Takt zu bleiben kann anfangs schwierig sein, aber diese Art von Training verbessert schnell deine innere Uhr und hilft dir, selbstbewusst und entspannt zu sein.

Abb. 3:

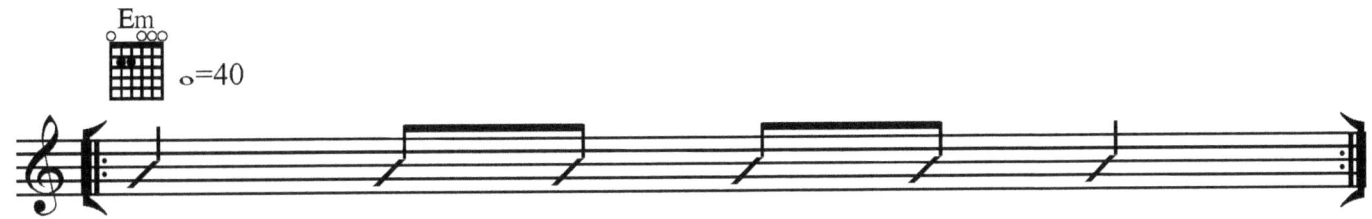

Stelle schließlich das Metronom auf 20 bpm, so dass der Klick nur alle zwei Takte zu hören ist. Es wird wahrscheinlich einige Zeit dauern, bis du das Gefühl für diese Übung hast.

Abb. 4:

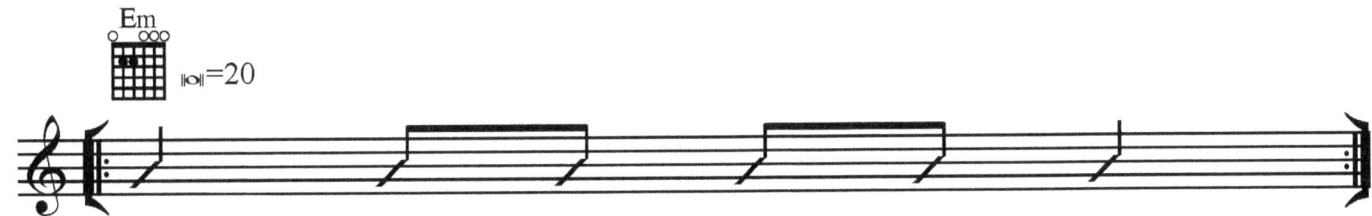

Einige Metronome können nicht so langsam klicken, aber mehrere Smartphone-Apps und teurere elektronische Metronome haben die Option, nur auf Taktschlag eins eines Taktes zu klicken.

Wenn du dich genug entspannen kannst, um die vorherigen Übungen genau zu spielen, ohne schneller zu werden, kannst du dir in deinem Taktgefühl sicher sein.

Gewöhn dich daran, deine Übung aufzuzeichnen und 24 Stunden später die Ergebnisse anzuhören, um alle Timing-Probleme deutlich zu machen. Wenn du einen neuen Song lernst, nimm ihn auf, um deine Leistung objektiv zu überprüfen und deinen Fortschritt zu dokumentieren.

Picking Riffs

Jetzt hatten wir eine kurze Einführung in Timing und die Nutzung eines Metronoms, nun ist es an der Zeit, ein paar Metal-Riffs vorzustellen. Diese Riffs wurden alle geschrieben, um deine Anschlagshand zu verfeinern und die verschiedenen Probleme anzusprechen, die im Metal auftauchen können.

Die folgende Übung verwendet konstante 1/8-Noten. Benutze nur Abwärtsschläge (Downstrokes), anstatt Alternate Picking, um einen authentischen Heavy Metal-Attack zu erhalten.

Beispiel 3a:

Palm Muting hilft, die Riffs tight und gut artikuliert zu halten und den charakteristischen „chug"-Klang der Metal-Rhythmusgitarre zu erzeugen. Um den richtigen Klang zu erhalten, halte den Ballen deiner Anschlagshand auf den Stegsätteln so, dass du die Saiten berührst und leicht dämpfst. Experimentiere, indem du deine Hand weiter nach vorne über die Saiten bewegst, um ihren Klang zunehmend zu dämpfen.

Ein guter Sound ermöglicht es dir, die Tonhöhe der Noten zu hören, ohne dass sie ausklingen.

Dieses zweite Beispiel führt einige Noten auf der A-Saite ein. Die Beibehaltung der gleichmäßigen Downstrokes beim Saitenwechsel erfordert etwas mehr Kontrolle, als nur eine Saite anzuschlagen, also stelle sicher, dass du entspannt bist und das Handgelenk frei über die Stegsättel gleiten kann.

Beispiel 3b:

Es gibt grenzenlose Möglichkeiten für diese Art von Riff. Hör die einfach eine Handvoll Old School Thrash Metal-Platten an, um verschiedene Ansätze der gleichen Idee zu hören.

Das folgende Down-Pick-Riff beinhaltet mehr String-Crossing (Saiten-Sprünge) als die vorherige Idee, also übe dieses Beispiel langsam und lerne es konsequent zu spielen, bevor du es beschleunigst. Benutze alle vier Finger der Greifhand, um durch die *chromatischen* Noten zu navigieren.

Beispiel 3c:

Die Geschwindigkeit und Ausdauer zu gewinnen, die für Thrash Metal erforderlich sind, erfordert Zeit und Wiederholungen. Versuche, die Geschwindigkeit des Metronoms periodisch um 5 bpm zu erhöhen, um zu sehen, ob du die Kontrolle bei höheren Geschwindigkeiten beibehalten kannst. Wenn du irgendwelche akuten oder bleibende Schmerzen hast, solltest du einen Arzt oder Spezialisten aufsuchen. Wenn du irgendwelche Zweifel hast, hör auf und hol dir professionellen Rat von deinem Arzt.

Diese nächste Übung ist die Grundlage für alles, was in diesem Kapitel folgt, so dass es sich lohnt, Zeit damit zu verbringen, sie in einem moderaten Tempo zwischen 100 und 120 bpm zu spielen. Kehre zu dieser Übung zurück, während du durch den Rest der Beispiele gehst, und du wirst spüren, wie sich deine Kontrolle verbessert.

Der Zweck der Übung ist es, sich rhythmisch einzugrooven und sich bewusst zu sein, wie jede Note den Taktschlag in vier gleiche Teile unterteilt. Beginne langsam und akzentuiere die erste jeder Vier-Noten-Gruppe, um im Takt zu bleiben, während du beginnst, die Geschwindigkeit des Metronoms zu erhöhen.

Beispiel 3d:

Wenn du das obige Beispiel zusammen mit dem Audio spielst, sollte es eine Einheit zwischen den Bass-Drum-Schlägen und der Gitarre geben. Je mehr du dich darauf konzentrieren kannst, die Drums während deines Spiels zu hören, desto mehr hast du die Möglichkeit dich in den Beat einzuklinken.

Galopp-Rhythmen

Der „Galopp"-Rhythmus wurde von vielen Bands gespielt, wird aber oft mit Iron Maiden in Verbindung gebracht, die ihn als Grundlage für einige ihrer berühmtesten Songs verwendeten.

Das Picking einzelner Saiten funktioniert genau wie das Strumming, also behalte das 1/16-Noten ab/auf-Muster von Übung 3d bei, um dein Timing zu verbessern, und „ghoste" über der Saite, wenn eine Note nicht benötigt wird. Da der zweite Pick jeder Gruppe mit vier Noten ausgelassen wird, ist das Picking-Muster bei jedem Taktschlag „Down-Down-Up".

Beispiel 3e:

Lass uns diese Idee nutzen, um echte Musik zu kreieren. Die Verwendung von Übungen zum Musizieren hilft uns dabei uns zu konzentrieren und begeistert zu sein und einen echten kreativen Nutzen zu sehen.

Das Hinzufügen von Powerchords zu den Galopp-Rhythmen hebt jeden Akkordwechsel hervor und treibt die Musik voran.

Beispiel 3f:

Halte die einzelnen Noten straff und kontrolliert, während du die Powerchords groß und laut spielst. Erreiche dies, indem du die schnelleren „Galopp"-Teile dämpfst und entferne die Handfläche vom Steg für die Powerchords, um sie vollständig ertönen zu lassen.

Hier ist ein weiteres Riff, das den Galopp-Rhythmus verwendet, aber diesmal fungiert die offene E-Saite als *Pedal* (eine statische Bassnote), während die Powerchords für melodisches Interesse sorgen. Lerne dieses Riff langsam, bis sich beide Hände wohl fühlen. Versuche die Form des Powerchords intakt zu halten, während du am Hals entlang slidest und achte dabei auf das Timing der Slides.

Beispiel 3g:

Diese Art von Idee ist seit den 80er Jahren bei Metallica und Exodus sowie bei vielen anderen Thrash Metal-Bands verbreitet.

Thrash Metal verschmolz die Klänge von britischem Heavy Metal und Hardcore-Punk zu einem rasanten, aggressiven neuen Stil, der die technischen Fähigkeiten von Metal vereint. Thrash-Bands verwendeten eine Variation des Galopp-Rhythmus, der als „umgekehrter Galopp" bekannt ist.

Indem sie das Reverse-Galopp-Muster direkt auf dem Taktschlag spielten, erzeugten sie ein energetisches Gefühl der Dringlichkeit.

Beispiel 3h:

Diese Idee kann ein wenig anspruchsvoller sein, aber deine Ausdauer sollte innerhalb weniger Wochen nach dem regelmäßigen Spielen dieser Ideen zunehmen.

Das nächste Beispiel ist im 3/4-Takt, was bedeutet, dass jeder Takt drei Schläge enthält. Progressive Bands aus der frühen Thrash-Bewegung, wie Testament, sowie spätere Bands wie Death und Nevermore, verwenden unterschiedliche Taktarten, um das Thrash-Vokabular zu variieren. Spiele mit dem Plektrum in den 1/16-Noten runter und hoch.

Beispiel 3i:

Beispiel 3j verwendet wieder das umgekehrte Galoppmuster. Versuche die Abwärtsbewegungen für die 1/8-Noten auf den Schlägen drei und vier beizubehalten. Downstrokes sorgen für einen kraftvolleren Ton, während die gleichmäßigere Bewegung der Anschlagshand das Timing unterstützt.

Beispiel 3j:

Diese Kombination aus umgekehrtem Galopp-Rhythmus und düsterer Noten wird oft in der Musik von Slayer gefunden.

Nun zu einem eher synkopischen Beispiel im Stil von Pantera.

Viele der Noten im folgenden Beispiel fallen auf Off-Beats, also verwende ein strenges Alternate Picking und folge den notierten Picking-Anweisungen. Um die synkopierten Rhythmen richtig zu artikulieren, sollten die Noten kurz und druckvoll sein. Höre dir die Audiobeispiele an, damit du das richtige Gefühl einfangen kannst.

Beispiel 3k:

Dämpfe die Saiten zwischen den einzelnen Noten mit der Greifhand, indem du die Finger sanft über die Saiten legst. Es kann einige Zeit dauern, bis die Hände koordiniert sind, aber mach langsam und es wird sich bald natürlich anfühlen zwischen Picking und Dämpfen zu wechseln.

Die rhythmische Präzision wurde Anfang der 90er Jahre durch Bands wie Fear Factory und Meshuggah erhöht, und das nächste Beispiel zeigt diesen Stil.

Beispiel 3l:

Die Pausen zwischen den Noten sollten still sein, um den richtigen Effekt zu erzielen.

Für die effektivste Dämpftechnik legst du den ersten Finger der Anschlagshand auf die oberen fünf Saiten während des Riffs und legst die restlichen drei Finger auf die Saiten, um die sechste Saite während der Pausen zu dämpfen. Achte darauf, unbeabsichtigte natürliche Flageolettöne zu vermeiden.

Die technische Messlatte für extremes Metal-Rhythmusspiel wurde von Death und Cynic höher gelegt, die beide aus der späten 80er Jahre Florida Death Metal-Szene hervorgegangen sind. Cynics Debütalbum *Focus* enthält viele technische und präzise Riffs.

Die folgenden beiden Beispiele verbinden sich zu einer musikalischen Idee, die den vielschichtigen Ansatz des Songwritings in Cynics-Platten zeigt.

Der erste Teil zeigt eine typische melodische Idee, bei der das Motiv in 1/8-Noten formuliert ist, aber jede Note zweimal angeschlagen wird, um einen 1/16-Notenpuls zu erzeugen.

Um dir zu helfen, die beiden Teile besser zu hören, werden diese Beispiele einzeln und dann zusammengespielt.

Beispiel 3m:

Der untere Gitarrenpart, wie in Beispiel 3n gezeigt, muss sorgfältig zwischen den Akkorden und den einzelnen Noten gedämpft werden. Auch die kurzen Bursts von 1/32-Noten müssen besonders beachtet werden. Die Anschlagshand muss sehr entspannt sein, um diese Rhythmen bequem auszuführen, und sie sollten sich wie ein einzelner, schneller Energieschub anfühlen.

Beispiel 3n:

Die folgenden Songs enthalten großartige Beispiele für diese Picking-Muster:

Iron Maiden – The Trooper

Anthrax – Caught in a Mosh

Metallica – Motorbreath

Megadeth – Holy Wars... The Punishment Due

Slayer – Raining Blood

Trivium – Pull Harder on the Strings of Your Martyr

Kapitel Vier: Skalen für Metal

Nachdem wir uns in den vorangegangenen Kapiteln mit rhythmischen Mustern und Phrasierungen beschäftigt haben, werden wir nun untersuchen, wie Skalen den Metal-Riffs eine melodische Dimension verleihen.

Seit Tony Iommi im Titeltrack von Black Sabbaths gleichnamigem Debütalbum ein Tritonus-Intervall gespielt hat, zeichnet sich Heavy Metal durch seine dunkle, bösartig klingende Musik aus. Dieser schwere Sound schuf die perfekte Atmosphäre für die grüblerischen, aggressiven oder gar satanischen Texte des Metal.

In diesem Kapitel werden wir die im Metal am häufigsten verwendeten Skalen untersuchen und sehen, wie sie von Heavy Metal Rhythmusgitarristen verwendet werden, um Riffs und Akkordfolgen zu entwickeln.

Die meisten Skalenbücher sind in der Regel für Solisten gedacht und bieten viele Muster, die den ganzen Hals abdecken. Da wir uns nur um Rhythmusgitarre kümmern, lehren die Diagramme in diesem Kapitel Skalen an den unteren (Bass-)Saiten und zeigen, wie sie horizontal am Hals gespielt werden. Ich habe jedoch eine „offene" Skalenform über alle sechs Saiten eingefügt, um dir zu helfen, Riffs im unteren Teil des Halses zu bauen.

Beim Erlernen neuer Skalen ist es wichtig für jede Skala die definierende „Charakternote" zu erkennen. Jede Tonleiter hat einen unverwechselbaren Klang. Daher ist es sehr wichtig zu wissen, welche Noten zur einzigartigen Stimmung der Tonleiter beitragen.

Die meisten Skalen enthalten hier in ihren sieben Tönen den gleichen Mollakkord (1, b3, 5) oder die gleiche Moll-Pentatonik (1, b3, 4, 5, b7), so dass die Charaktertöne normalerweise die restlichen Töne (die 2. und die 6.) sind.

Sowohl um dir beim Musizieren zu helfen, als auch um Skalen als Grundlage für Lieder und nicht nur als theoretische Ideen zu sehen, ist es nützlich, die üblichen Akkordfolgen, die mit jeder Tonleiter verbunden sind, zu untersuchen. Um Akkorde aus Skalen zu bilden, muss jede Skala *harmonisiert werden*.

Harmonisierung einer Skala

Akkorde werden durch das Schichten von drei Noten gebildet, die jeweils eine Terz über der vorherigen liegen. Diese dreiteiligen Strukturen werden *Dreiklänge* genannt und sind die grundlegendste Art der Akkordstruktur in der Musik.

Um eine (C-Dur-)Skala zu harmonisieren, beginne mit den Noten in C-Dur:

C D E F G A B C

Um bei jedem Schritt einen Akkord zu erstellen, nehme einfach alternierende Noten.

C D **E** F **G** A B C = C, E, G = Dur-Dreiklang

Wie du sehen kannst, wird ein Dreiklang gebildet, indem alternierende Noten in der Tonleiter übersprungen werden, und dieser Prozess kann auf jeder Note der Tonleiter gestartet werden.

Die Noten C, E und G bilden den Akkord von C-Dur, während die Noten D, F und A den Akkord von d-Moll bilden. Der Abstand von C zu E beträgt vier Halbtöne, aber der Abstand von D zu F beträgt nur drei Halbtöne.

C D E F G A B C

Wenn ein Dreiklang einen Abstand von *vier Halbtönen* zwischen dem Grundton und der Terz (3.) (z. B. C bis E) hat, dann ist es ein Dur-Akkord. Wenn ein Dreiklang einen Abstand von *drei Halbtönen* zwischen dem Grundton und der 3. (z. B. D bis F) hat, ist es ein Moll-Akkord.

Die Bildung von Dreiklängen auf jeder Note der Skala erzeugt die folgende Akkordfolge:

C-Dur, d-Moll, e-Moll, F-Dur, G-Dur, a-Moll, B-vermindert

Akkorde werden oft mit römischen Ziffern bezeichnet. Jeder Akkord wird durch seine Beziehung zum Grundton der übergeordneten Skala benannt.

In römischen Ziffern wird die Dur-Skala wie folgt geschrieben:

I   ii   iii   IV   V   vi   vii°

Großbuchstaben zeigen Dur-Akkorde und Kleinbuchstaben zeigen Moll-Akkorde an.

Im obigen Diagramm siehst du, dass Akkord I Dur ist, (Großbuchstaben), aber Akkord vi ist Moll (Kleinbuchstaben).

Jede Dur-Skala hat das gleiche Intervallmuster, daher ist die Reihenfolge der Dur- und Molldreiklänge in jeder Tonart gleich. Das bedeutet, dass die römischen Ziffern die Noten darstellen können, die auf den Schritten einer beliebigen Skala zu finden sind.

Verminderte Dreiklänge (Akkorde aus zwei kleinen Terzen) werden durch einen kleinen Kreis und *übermäßige* Dreiklänge (Akkorde aus zwei großen Terzen) durch ein Pluszeichen (+) angezeigt.

Andere Skalen werden mit einem anderen Intervallmuster gebildet, so dass du später sehen wirst, wie Akkorde von Erhöhten und Erniedrigten (#'s und b's) bezeichnet werden. Zum Beispiel siehst du vielleicht den Akkord bIII. Dieses Symbol sagt uns, dass der dritte Schritt der Tonleiter eine kleine Terz von dem Grundton entfernt ist und der darauf gebildete Akkord Dur ist.

Mit diesem System werde ich die Akkorde veranschaulichen, die sich bilden, wenn jede der Skalen in diesem Kapitel harmonisiert ist, und auch einige Akkordfolgen vorschlagen, mit denen du experimentieren kannst.

Das natürliche Moll / äolischer Modus

Äolisches oder „natürliches" Moll hat eine düstere und doch majestätische Qualität und ist die häufigste Molltonleiter mit sieben Noten, die im Metal verwendet wird. Gitarristen wie Gary Moore, Richie Blackmore und Uli Jon Roth begannen in den 70er Jahren mit dieser Skala, um das bluesige Vokabular des damaligen Hard Rock zu erweitern.

Die natürliche Molltonleiter bietet viele starke Akkordfolgen und ist meist die Grundlage für Moll-Key-Songs. Die düstere Qualität der Tonleiter entsteht, weil die harmonisierte Tonleiter einen Moll-V-Akkord erzeugt und nicht den Dur-V-Akkord der eng verwandten harmonischen Molltonleiter.

Die Charaktertöne sind die natürlichen 2. und b6. der Skala. Wenn du von der 2. bis zur b3.Stufe oder von der b6. bis zur 5. Stufe der Tonleiter mit einer Melodie oder einem Riff gehst, kannst du die dunkle Stimmung vom Äolischen deutlich hören. Unsere musikalischen Beispiele beziehen sich auf diese spezifischen Intervalle.

E-Äolisch/Natürliches Moll: Formel 1 2 b3 4 5 b6 b7

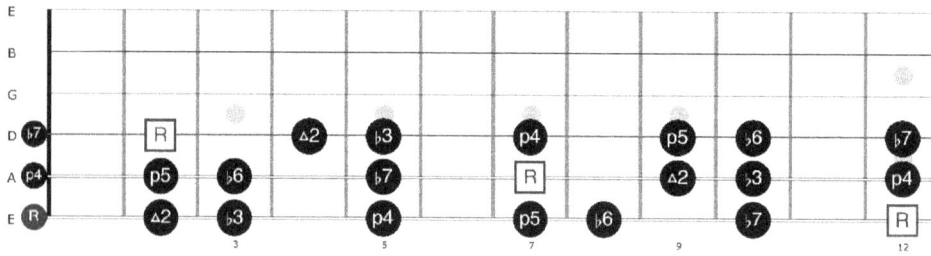

E-Äolisch/Natürliches Moll

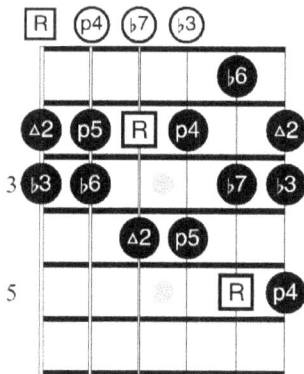

Der äolische Modus harmonisiert:

i	ii°	bIII	iv	v	bVI	bVII
Em	F#dim	G	Am	Bm	C	D

Häufige Akkordfolgen:

Songs, die den äolischen Modus verwenden:

Metallica – Fade to Black

Iron Maiden – The Loneliness of the Long Distance Runner

Judas Priest – Breaking the Law

Ozzy Osbourne – Crazy Train

Muse – Time is Running Out

Rammstein – Reise, Reise

Slipknot – *Sulfur*

Das erste Beispiel ist im Stil britischer Heavy Metal Bands wie Iron Maiden und Judas Priest geschrieben. Es skizziert eine übliche Progression der Rockgitarre und endet mit einem Skalen-Fill, der die Charaktertöne des äolischen Modus hervorhebt.

Beispiel 4a:

Das folgende Riff ist ein sich wiederholendes, eintaktiges Muster, das den äolischen Modus umreißt, während eine zweite Gitarre Powerchords verwendet, um eine äolische Akkordfolge zu spielen.

Wenn du mit einem anderen Gitarristen spielst, nimm dir die Zeit, sich ergänzende Teile zu arrangieren, anstatt nur im Einklang zu spielen.

Beispiel 4b:

Höre, wie Hetfield und Hammett die beiden Gitarren verwenden, um sich bei klassischen Metallica-Songs gegenseitig zu ergänzen und eine interessantere Textur erzeugen.

Das dritte äolische Riff ist im Stil melodischer Bands wie The Offspring oder Rufio, die in den 90er Jahren melodischen Post-Hardcore-Punk und Metal mischten. Verwende Downstrokes für einen treibenden, rhythmischen Klang. Etwas Palm Muting in den Bassnoten hilft, die Melodie zu betonen.

Beispiel 4c:

Beachte auch, wie sich die tiefste Note im gesamten Riff ändert, während das gesamte rhythmische Muster gleichbleibt. Dies impliziert ein Gefühl der bewegenden Harmonie durch das Riff, das durch effektives Bassgitarren-Arrangements weiterentwickelt werden könnte.

Die harmonische Molltonleiter

Die harmonische Molltonleiter ist sehr beliebt im neoklassischen Stil, der in den 80er Jahren von Uli Jon Roth, Richie Blackmore und Yngwie Malmsteen entwickelt wurde. Diese Spieler kombinierten Metalgitarre mit einem Vokabular, das von klassischen Komponisten wie Nicolo Paganini und J. S. Bach stammt. Der neoklassische Stil beeinflusste den Heavy Metal, und die harmonische Molltonleiter wird heute von vielen Spielern verwendet.

Die harmonische Molltonleiter vermittelt ein Gefühl des klassischen Einflusses und einen Hauch von Exotik durch das „Eineinhalb-Ton-Intervall" zwischen b6 und 7. Harmonisch Moll unterscheidet sich von der natürlichen Molltonleiter nur um eine Note (die 7. Note wird angehoben), was jedoch zu einer dramatischen Veränderung des Klangs und der bei der Harmonisierung erzeugten Akkorde führt.

Die erhöhte Septime verwandelt den vorhergehenden Moll-V-Akkord in einen dominant V7-Akkord, und die V7- i-Akkordfolge ist ein großer Faktor im neoklassischen Klang der harmonischen Molltonleiter. Ein verminderter Akkord existiert auf der zweiten Stufe der Skala (iio), so dass verminderte Arpeggien oft in harmonischen Moll-Tönen zu hören sind. Die Charaktertöne von Harmonisch Moll sind b6 und die 7.

Sei vorsichtig, wenn du die weiteren Dehnungen dieser Skala spielst. Das Verteilen deines ersten und vierten Fingers über fünf Bünde mag zunächst unangenehm erscheinen, aber die Finger werden sich durch Übung entspannen. Achte nur darauf, dass du deine Sehnen nicht überdehnst und beschädigst.

E-Harmonisch Mollformel: 1 2 b3 4 5 b6 7

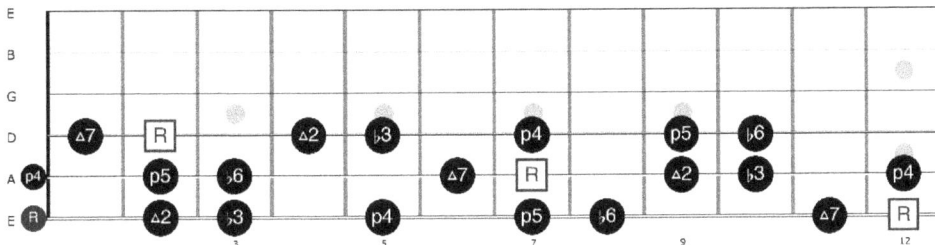

E-Harmonisch Moll

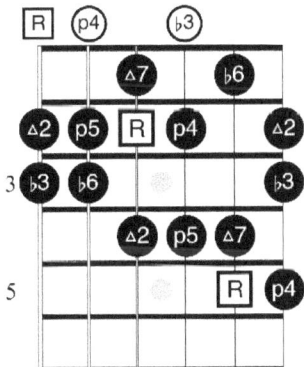

Die Harmonisch Molltonleiter harmonisiert:

i	ii°	bIII	iv	V7	bVI	vii°
Em	F#dim	G	Am	B7	C	D#dim

Häufige Akkordfolgen:

Songs die die harmonische Molltonleiter verwenden:

Yngwie Malmsteen – Vengeance

Muse – New Born

Pantera – Revolution in My Name (Bridge)

Children of Bodom – Bed of Razors

Trivium – Entrance of the Conflagration (Pre-Chorus)

Sonata Arctica – 8th Commandment

Unser erstes Riff bewegt sich von einem E5-Powerchord zu einem D#5, um den Geschmack der E-Harmonisch Molltonleiter einzufangen. Die kurze Folge von Terzen in Takt vier trägt dazu bei, den neoklassischen Klang zu akzentuieren. Höre dir das Audiobeispiel an und schaue, wie ich das Palm Muting während des Riffs variiere.

Die Fähigkeit dein Palm Muting zu steuern und zu variieren, ist eine wichtige Fähigkeit und trägt dazu bei, dass deine Musik zum Leben erwacht. Die Powerchords sollten nicht gedämpft, die wiederholten Es sollten stark gedämpft und die finale Phrase sollte leicht gedämpft werden, so dass die Tonhöhen noch deutlich hörbar sind.

Beispiel 4d:

Dieses nächste neoklassische Riff ist ein großartiges Picking-Training. Obwohl das Triolen-Gefühl dem Riff eine Art Swagger verleiht, muss das Picking dennoch präzise und kontrolliert sein. Beachte die Einbeziehung des verminderten Arpeggios in die letzten beiden Schläge von Takt zwei. Die harmonische Molltonleiter kann durch Kombination des Tonika-Arpeggios (in diesem Fall e-Moll) mit einem verminderten Arpeggio impliziert werden, das entweder einen Ganzton weiter oben oder einen Halbton unter dem Grundton (F#dim oder D#dim) gespielt wird.

Beispiel 4e:

43

Im nächsten Riff magst du die Legato-Noten zunächst etwas schwierig zu kontrollieren finden, aber diese Phrasen helfen, die tonale Konsistenz des Pickings aufzubrechen.

Die Halbton-Ideen zielen auf b6 und die natürlichen 7. Charakternoten des Harmonisch Molls ab. Im zweiten Takt spitzt sich die Spannung zu, wenn die akzentuierten Noten ein absteigendes B7-Arpeggio (B A F# D#) bilden, das eine Sequenz von Em - B7 (i-V7) impliziert, die für die Harmonisch Mollharmonie typisch ist.

Beispiel 4f:

Während die Harmonisch Molltonleiter sehr effektiv sein kann, um deinem Spiel ein Gefühl von Dramatik zu verleihen, kann ihr unverwechselbarer Geschmack übermäßig vertraut werden, wenn du nicht vorsichtig bist. Sei verantwortungsbewusst und benutze sie in Maßen!

Der phrygische Modus

Der phrygische Modus ähnelt dem äolischen, nur dass die zweite Note des Phrygischen erniedrigt ist. Dieser kleine Unterschied schafft einen einzigartigen Charakter. Der phrygische Modus ist oft in der persischen und indischen Musik zu finden und bietet einen exotischen östlichen Klang, wenn er im Metal verwendet wird.

E-phrygische Formel: 1 b2 b3 4 5 b6 b7

E-Phrygisch

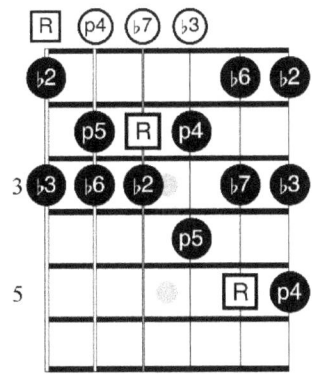

Der phrygische Modus harmonisiert:

i	bII	bIII	iv	v°	bVI	bvii
Em	F	G	Am	Bdim	C	Dm

Häufige Akkordfolgen:

Songs die den phrygischen Modus verwenden:

Slipknot – Duality

Mastodon – Blood and Thunder

Megadeth – Take No Prisoners

Al di Meola – Race with the Devil on a Spanish Highway

Metallica – *Wherever I May Roam*

Hier ist ein donnerndes, schweres Riff, das das grüblerische b2-Intervall des Phrygischen ausnutzt. Die härtesten Riffs sind oft die langsamen, schleppenden, anstatt die schnellen und ‚geschredderten'.

Haue hart mit deinem Plektrum rein, und nutze Palm Muting bei den beiden 1/16-Noten in Takt eins. Benutze viel Vibrato auf dem letzten F und spiele es mit Attitüde!

Beispiel 4g:

Nun zu einem typisch aggressiven Riff, bekannt von Bands wie Slayer und Exodus. Lass die Powerchords klar klingen, aber dämpfe die offene tiefe E-Saite. Der letzte Taktschlag könnte angeschlagen werden, aber das Legato bietet einen tonalen Kontrast.

Beispiel 4h:

Versuche im nächsten Beispiel, die Greifhand in der Oktavform zu halten, wenn du auf dem Griffbrett slidest, genau wie wir es mit Powerchords in Kapitel zwei getan haben. Das Picking sollte eine lose Bewegung sein, also halte die anderen Saiten still, indem du den Zeigefinger der Greifhand flach über die unbenutzten Saiten legst und löse den Druck für die gedämpften Noten.

Beispiel 4i:

Der phrygisch-dominante Modus

Der phrygisch-dominante Modus war bei den ursprünglichen neoklassischen Rockgitarristen beliebt, findet sich aber auch im Thrash und Death Metal wieder, da Spieler wie Yngwie Malmsteen, Marty Friedman und Jason Becker einen weitreichenden Einfluss ausüben.

Phrygisch-dominant ist eng mit dem phrygischen Modus verwandt, der einzige Unterschied besteht in der Anwesenheit einer großen Terz im Vergleich zum phrygischen Modus in Moll.

Der Name phrygisch-*dominant* entsteht, weil die Tonleiter auf der *dominanten* (5.) Tonstufe der Harmonisch Molltonleiter aufgebaut ist. Phrygisch-dominant enthält die gleichen Noten wie die Harmonisch Molltonleiter, beginnt aber auf der 5. Zum Beispiel enthält E-Phrygisch-dominant die gleichen Noten wie A-Harmonisch Moll, aber E wird eher als die „Heim"-Note als A gehört.

Es kann schwierig sein, den Unterschied zwischen den Modi nur beim Spielen von Skalenformen zu hören. Der Geschmack wird wirklich deutlich, wenn man sie über die entsprechenden Akkorde spielt.

Der Klang dieser Tonleiter ist angespannter und unruhiger als die Harmonisch Molltonleiter.

E-Phrygisch-dominante Formel: 1 b2 3 4 5 b6 b7

E-Phrygisch-dominant

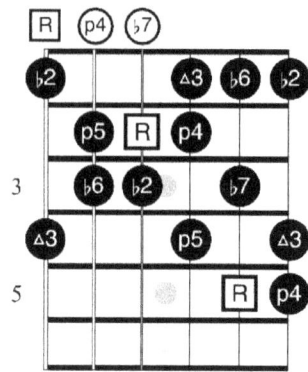

Der phrygisch-dominante Modus harmonisiert:

I7	bII	biii°	iv	v°	bVI⁺	bvii
E7	F	G#dim	Am	Bdim	Caug	Dm

Häufige Akkordfolgen:

Songs, die den phrygisch-dominanten Modus verwenden:

The Scorpions – Sails of Charon

Symphony X – Inferno (Unleash the Fire)

Metallica – Wherever I May Roam

Death – Pull the Plug

Die im Metal verwendeten stark verzerrten Gitarrentöne, können dazu führen, dass voll gespielte Akkorde schlammig und undefiniert klingen, so dass die Verwendung von *Arpeggien* zum Aufbrechen von Akkorden ein guter Ansatz ist. Das folgende Riff bewegt sich zwischen einigen der Dreiklänge, die in der phrygisch-dominanten Skala enthalten sind.

Beispiel 4j:

Bei langsameren Arpeggien ist die Notentrennung weniger wichtig als bei melodischen Riffs, und das überblenden der Noten ineinander kann ein nützlicher kreativer Effekt sein. Verringere die Lautstärke der Gitarre, damit dein Verstärker/Pedal weniger Verzerrungen aufweist und etwas mehr Klarheit schafft.

Das nächste Riff ist ähnlich wie Uli Jon Roths Werke mit The Scorpions. 3, b2 und b6 der Skala werden hervorgehoben.

Beispiel 4k:

Unser letztes phrygisch-dominantes Beispiel zeigt die angrenzenden großen Terzen (E-G# und F-A), die in der Skala enthalten sind. Es zielt dann auf andere große Terzen in der Skala ab, bevor es mit einem typischen melodischen Turnaround endet.

Beispiel 4l:

Halte das Handgelenk locker für das schnelle Picking der „Zellen". Du wirst feststellen, dass die Sextolen sich wie von alleine spielen, wenn du dich auf die Landung des letzten Downstrokes im folgenden Taktschlag konzentrierst. Winkle das Plektrum leicht nach vorne, um leichter durch die Saite zu gleiten.

Der lokrische Modus

Der lokrische Modus wird beim Studium der Musik oft vernachlässigt. Aufgrund seiner dunklen und dissonanten Harmonie wird er in der Populärmusik nicht verwendet, obwohl diese Dissonanz und Instabilität genutzt werden kann, um bedrohliche, dämonisch klingende Riffs zu kreieren!

Der lokrische Modus enthält kein reines Quinten-Intervall vom Grundton, sondern eine verminderte Quinte oder einen *Tritonus* (im Mittelalter wurde der Tritonus abergläubischer Weise als das Intervall des Teufels bezeichnet), und wegen dieser inhärenten Instabilität wird der lokrische Modus normalerweise in Kombination mit anderen Mollskalen wie phrygisch oder äolisch verwendet. Das Mischen dieser verwandten Modi bietet ein ganzes Spektrum an Spannungen.

Die Modi äolisch, phrygisch und lokrisch repräsentieren ein breites Spektrum an Stabilität und Dissonanz, obwohl nur eine Note zwischen jeder Tonleiter wechselt.

E-lokrische Formel: 1 b2 b3 4 b5 b6 b7

E-Lokrisch

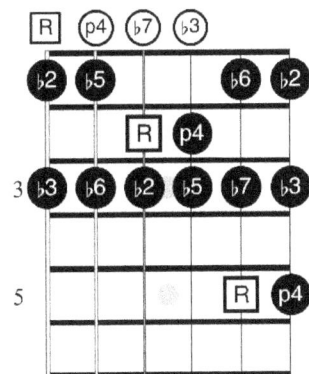

Der lokrische Modus harmonisiert:

i°	bII	biii	iv	bV	bVI	bvii
Edim	F	Gm	Am	Bb	C	Dm

Nachdem ich bereits erwähnt habe, dass Charakternoten normalerweise nicht im Tonika-Akkord einer Tonleiter zu finden sind, sei darauf hingewiesen, dass es in diesem Fall die Anwesenheit von b5 ist, was Lokrisch von Phrygisch unterscheidet und den unaufgelösten Klang von Lokrisch erzeugt.

Häufige Akkordfolgen:

Songs, die den lokrischen Modus verwenden:

Metallica – *Seek and Destroy*

Slayer – Angel of Death

Metallica – *Blackened*

In Beispiel 4m wird der *Tritonus* (ein Abstand von drei Ganztönen) zwischen dem Grundton und der b5 betont, um die volle Dissonanz des lokrischen Modus hervorzuheben. Der letzte Takt besteht aus zwei Mustern mit vier Noten. Beginnend zuerst auf b5 und dann auf b2.

Unabhängig davon, ob du dich für die Verwendung von Downpicking oder Alternate Picking entscheidest, achte darauf, dass das Saiten-Crossing präzise erfolgt.

Beispiel 4m:

Norwegische Black Metal Bands in den frühen 90er Jahren hatten eine „Punkrock", Lo-Fi-Ästhetik, sowohl in Bezug auf ihre Produktion als auch auf ihr Spiel. Während diese Bands die folgenden Riffs mit Tremolo-Picking und weniger kontrolliert gespielt hätten, waren die von ihr beeinflussten Bands wie Strapping Young Lad und Cryptopsy technisch viel präziser. Ziele hier auf genaue Sechzehntel ab, um mit dem Drum-Part eine Einheit zu bilden.

Beispiel 4n:

♩=140/180

Nach diesem Warp-Speed-Einsatz des lokrischen Modus verlangsamt das folgende geradlinig Nu-Metal inspirierte Riff die Dinge und konzentriert sich auf Groove und Einfachheit, während es sich stark auf den Tritonus-Intervall stützt. Der Schlüssel dazu, dass dieses Riff funktioniert, ist, wirklich mit dem Plektrum reinzuhauen, um einen perkussiven Sound zu erzeugen. Schließe dich rhythmisch den Drums an, um es zum Grooven zu bringen. Es ist fast wie eine schwerfällige Version eines Funk-Gitarrenriffs.

Beispiel 4o:

♩=85

Die Nu-Metal-Bands hatten die Schwere des Metal, schöpften aber Inspiration aus Alternative Rock und Grunge für Songwriting, so dass sie oft übertrieben technische Riffs oder lange Instrumentalparts vermieden haben. Viele Heavy Metal-Fans und Gitarristen ignorieren dieses ganze Subgenre, aber der Wechsel der Ästhetik erlaubte es, dass eine Reihe von Einflüssen in den Metal eindrangen.

Verminderte Arpeggien mit Septimen

Das Wort „Arpeggio" ist nur eine vornehme Art zu sagen: „Spiel die Noten eines Akkords separat". Arpeggien werden als melodische Mittel behandelt, ebenso wie Skalen und Modi, außer dass sie größere Intervalle zwischen den einzelnen Noten haben.

Ein *verminderter* Septakkord (anders als der verminderte Dreiklang im lokrischen Modus) ist ein Akkord mit vier Noten mit den Intervallen 1, b3, b5, bb7. Alle Noten im Akkord sind eine kleine Terz voneinander entfernt.

Wenn die Noten in einem Akkord alle gleich weit auseinander liegen, spricht man von einem *symmetrischen* Akkord. Der musikalische Vorteil dieser Eigenschaft besteht darin, dass jedes verminderte Motiv in kleinen Terzen nach oben oder unten verschoben werden kann, während es sich dennoch in der Tonalität bewegt.

Verminderte Arpeggien sind nicht in der Dur-Tonleiter zu finden, sondern treten sowohl in der Harmonisch Moll- als auch in der phrygischen-dominanten Tonleiter auf. Aufgrund ihrer symmetrischen Natur gibt es nur drei mögliche verschiedene verminderte Arpeggien, bevor du eine in einer anderen Umkehrung wiederholst.

E-Vermindert Arpeggio: Formel 1 b3 b5 bb7

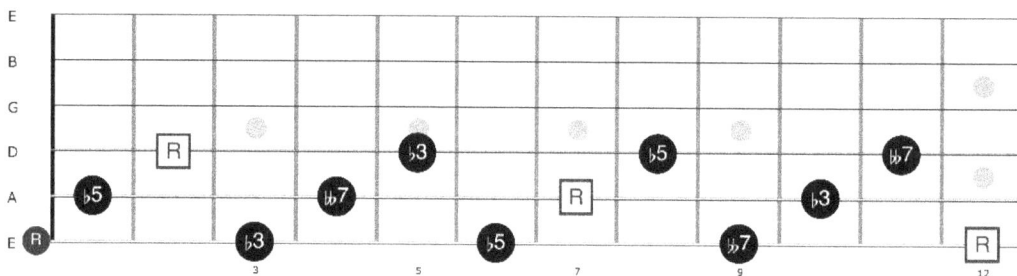

E-Vermindert Arpeggio

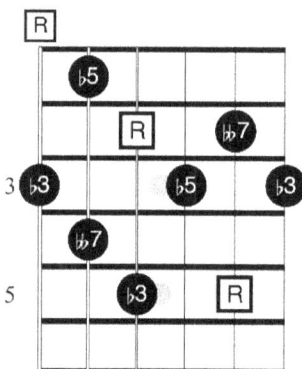

Songs, die verminderte Arpeggien verwenden:

Symphony X – Seven

Yngwie Malmsteen – Arpeggios from Hell

Nevermore - Born

Arch Enemy – Nemesis (Bridge)

Das folgende Beispiel zeigt, dass die Musiktheorie recht flexibel ist, wenn es um Dissonanzen geht, und der stark erkennbare Klang des verminderten Arpeggios ermöglicht es dir, sie nach Belieben zu kombinieren, ohne sich um eine übergeordnete Tonleiter oder Tonalität zu kümmern. Es gibt nur drei verschiedene verminderte Arpeggien (weil jede *Umkehrung* immer noch ein vermindertes Arpeggio ist.) Anstatt alle drei zu verwenden, versuche, zwei von den drei auszuwählen, um einen zusammenhängenden, aber dissonanten Klang zu erhalten.

Beispiel 4p kombiniert die verminderten Arpeggien von E, G, Bb, C# und F#, A, C, D# und spielt je zwei Taktschläge, bevor es von einem zum anderen wechselt.

Die Verwendung von Legato sollte bei dem String-Crossing hier helfen, aber achte auf dein Timing!

Beispiel 4p:

♩.=75/130

```
T  |·12                                                    7     |
A  |·8  7—10-7——7———————10—7——7——————————4———4-7-6———9-6———————9—|
B  |·         9———9-6————————9———9-6—3-6——6—————————8——————————  |
```

Jeff Loomis benutzte während seiner Zeit bei Nevermore häufig verminderte Ideen und dieses nächste Riff ist inspiriert von ihren früheren Alben. Im nächsten Beispiel habe ich nicht an eine bestimmte Tonleiter gedacht, obwohl die offene E-Saite ein Gefühl des tonalen Zentrums vermittelt. Das Ohr akzeptiert den Gesamteffekt durch das ausgeprägte, erkennbare Muster jedes verminderten Arpeggios.

Beispiel 4q:

♩=75/110

```
T  |·4                                          2——2-5-8-5——5-9-6—  |
A  |·4         4——4-7———————5——5-8——————————4———————7———————8-5——— |
B  |· 0-0-0-0—6———0-0-0-0——7——————0-0-0-0——                        |
```

In Beispiel 4r verwenden wir nur ein vermindertes Arpeggio, bewegen aber das gleiche Muster auf und ab durch seine verschiedenen Umkehrungen.

Obwohl das Muster gleichbleibt, beachte, wie es in Takt drei neu gegriffen wird, um die Positionsverschiebung am Anfang von Takt vier zu erleichtern. Die hinzugefügten offenen Es in den Takten drei und vier helfen bei der Positionsänderung und bieten Variationsmöglichkeiten für das Riffmuster.

Beispiel 4r:

Um zu lernen, das verminderte Arpeggio mit anderen Skalen zu verwenden, versuche Riff-Ideen aus Harmonisch Moll oder Phrygisch-Dominant mit verminderten Arpeggien zu kombinieren. Aus den Harmonisierungs- und Akkordfolgeabschnitten jedes Skalenunterkapitels können wir ersehen, dass ein vermindertes Arpeggio tatsächlich in beiden Skalen verborgen ist, so dass du feststellen solltest, dass sie gut ineinander übergehen.

Gute Kombinationen zum Experimentieren wären A-Harmonisch Moll mit D-Vermindert oder B-Phrygisch-Dominant mit C-Vermindert.

Skalen mischen

In der Praxis mischen Musiker oft mehrere Skalen zu Riffs aus einer chromatischen Palette von Noten, und bei Thrash und Death Metal ist es üblich, ein Motiv oder ein einzelnes Intervall zu nehmen und es in Halbtönen auf oder ab zu bewegen.

Da es unser Ziel ist, interessante und spannende Musik zu machen, ist die Kombination von Elementen verschiedener Formen und Skalen, ohne sich um die „richtige Theorie" zu kümmern, ebenso ein legitimer Ansatz wie das Spielen innerhalb der Grenzen einer Skala.

Am Ende ist das Ohr der einzige Richter für gut oder schlecht, und um ein altes Klischee zu verwenden: „Wenn es richtig klingt, dann ist es das!" Ob deine Kompositionen auf theoretischem Verständnis beruhen oder nicht, ist nicht wirklich so wichtig.

Songs, die Skalen mischen oder Motive nach oben und unten verschieben:

Slayer – Raining Blood

Metallica – Disposable Heroes

Meshuggah – Straws Pulled at Random

Slipknot – Surfacing

Cynic – Veil of Maya

Megadeth – Rust in Peace… Polaris

Aufbauend auf den vorherigen verminderten Arpeggio-Beispielen (die von den Grenzen einer einzelnen Tonart abgewichen sind), befassen sich die folgenden Beispiele nur mit der *Wirkung* jeder Note über dem E-Pedal.

Es ist möglich, unser erstes Beispiel in Bezug darauf zu betrachten, von wo die Teile geliehen wurden: Lokrisch (Bb, F), die Blues-Skala (B-Bb) und Äolisch (F#-G), aber es ist sinnvoller, nur Halbtonpaare zu sehen, die sich um den Grundton herum bewegen und das Ohr entscheiden zu lassen, was am besten funktioniert.

Beispiel 4s:

♩=180

```
TAB
           7           8   7                       9   10
   0   0       0   6   5       0   7   6   0   0
```

Das nächste Beispiel ist ein von James Hetfield inspiriertes Riff mit Powerchords und Downpicking. Das Riff beinhaltet chromatische Läufe, skizziert aber dennoch ein e-Moll-Muster.

Übe die Powerchords in einem langsameren Tempo präzise zu bewegen, da sie bei langen, schnellen Phrasen leicht außer Kontrolle geraten können.

Beispiel 4t:

♩=145

```
TAB
                                    2   2              4 3   5 4
   2       3       4   5       0   0       5       2 1   3 2
   0       1   0   2   3   0              0   3
```

57

Unser letztes Beispiel ist im Stil von Bands wie Slayer und Exodus. Das Motiv in den Takten eins und drei wird in den Antwortphrasen in den Takten zwei und vier chromatisch bewegt. Hier kann es ein wenig knifflig sein, die Finger zu ordnen, also gehe es langsam an, um sicherzustellen, dass du den bequemsten Weg für dich wählst.

Beispiel 4u:

Hoffentlich hat dir diese Untersuchung der verschiedenen Skalen und Arpeggien im Metal ein besseres Verständnis dafür gegeben, wie Riffs aufgebaut sind und warum bestimmte Riffs so klingen, wie sie klingen. Es lohnt sich zu versuchen, kreativ und emotional über diese Informationen nachzudenken, anstatt sich von der ganzen Theorie mitreißen zu lassen. Woran erinnert dich der Geschmack jeder Tonleiter und was gibt es dir für ein Gefühl?

Höre auf die Skalen und Modi, während du die anderen Kapitel durcharbeitest und identifiziere die verwendeten melodischen Methoden.

Kapitel Fünf: Flageolettöne

Nach all den tuckernden Rhythmen und matschigen Powerchords ist es Zeit für ein wenig Kontrast. Wenn du Metal hörst, kennst du wahrscheinlich die hohen, durchdringenden Töne, die zwischen den tiefen Riffs vorkommen. Diese Noten werden *Flageolettöne* genannt, und in diesem Kapitel werden wir verschiedene Arten von Flageolettönen besprechen und wie sie erreicht werden.

Rhythmusgitarrenspiel kann manchmal etwas schwammig und unklar klingen, besonders wenn die Gitarren auf ein tieferes Register heruntergestimmt sind. Flageolettöne können diese Klangwand aufbrechen und dazu beitragen, wichtige Taktschläge zu betonen.

Eine kurze Physikstunde ...

Eine Gitarrensaite vibriert, um den Klang zu erzeugen, den wir hören, und die Geschwindigkeit, mit der sie vibriert, bestimmt die Tonhöhe der Note. Um jedoch den *Ton* zu erzeugen, den du hörst, schwingen Saiten gleichzeitig in einer komplexen Kombination höherer Frequenzen. Diese Frequenzen werden als Flageolettöne bezeichnet.

Die relative Lautstärke jedes Flageolettons definiert die wahrgenommene *Klangfarbe* eines Instruments und ermöglicht es unseren Ohren, die Eigenschaften von Noten zu unterscheiden, die auf verschiedenen Instrumenten (oder zwischen verschiedenen Saiten auf der Gitarre) gespielt werden. Deshalb klingt eine Klarinette bei gleicher Tonhöhe anders als ein Cello.

Die Wellenlänge der Grundtöne ist gleich der Länge der Saite. Die harmonischen Flageolettöne schwingen in Teilungen dieser Länge.

Ohne zu wissenschaftlich zu werden, kann ein Flageoletton nur an Knotenpunkten entlang der Saite gefunden werden, wo die Skalenlänge in gleiche Teilungen oder Verhältnisse unterteilt werden kann. Das folgende Diagramm veranschaulicht, warum die Flageolettöne auf dem Griffbrett da auftreten, wo sie sind.

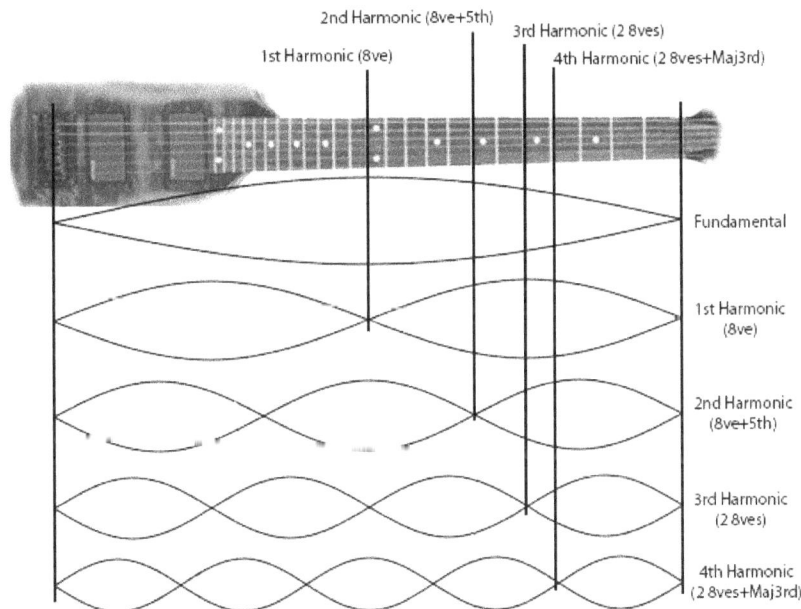

Flageolettöne werden gespielt, indem man die höher frequentierten Flageolettöne isoliert und den Ausgangston der offenen Saite entfernt, indem man die Saiten an Knotenpunkten manipuliert.

Auf der Gitarre ist es möglich, eine Reihe von natürlichen und „künstlichen" Flageolettönen zu erzeugen, die wir der Reihe nach besprechen.

Natürliche Flageolettöne

Natürliche Flageolettöne sind die am häufigsten verwendeten und am einfachsten zu spielenden Flageolettöne. Natürliche Flageolettöne sind nicht bei jedem Bund zu finden, sie sind nur an den Knotenpunkten verfügbar, wie im Diagramm dargestellt. Die stärksten sind am 12., 7. und 5. Bund.

Um einen natürlichen Flageoletton zu erzeugen, berühre die Saite am 12. Bund sanft, drücke aber nicht auf das Griffbrett. Stell den Kontakt direkt über dem Bunddraht her und nicht dahinter. Wenn du die Saite anspielst, sollte der Klang rein und glockenartig sein.

Hier ist eine Abbildung, die dir hilft, die Technik zu isolieren, bevor du die Riffs durcharbeitest. Lege den Zeigefinger im ersten Takt über das gesamte Griffbrett und achte darauf, dass alle Saiten ausklingen und nicht versehentlich stumm geschaltet werden. Versuche im zweiten Takt, jeden Flageoletton getrennt zu halten, indem du einfach einen kleineren Bereich deines Fingers verwendest. Denke daran, dass du die Note nicht vollständig greifst, sondern nur die Saite über dem Bund sanft berührst.

Abb. 1

Unser erstes Riff ist inspiriert von Slayers South of Heaven/Seasons in the Abyss-Periode und kontrastiert ein tuckerndes, gedämpftes Riff mit glockenartigen natürlichen Flageolettönen.

Klingende Flageolettöne können schön sein, wenn sie mit einem cleanen Ton gespielt werden, aber sie können leicht außer Kontrolle geraten, wenn Verzerrung hinzugefügt wird. Bei der Kombination von Riffs mit Flageolettönen ist es sehr wichtig, die ungespielten Saiten zu dämpfen und zu lernen, Flageolettöne zu dämpfen, nachdem sie gespielt wurden.

Benutze die Handfläche der Anschlagshand und die unbenutzten Finger der Greifhand, um sie zu dämpfen.

Beispiel 5a:

Verwende die Fingerkuppe des ersten Fingers, um die Flageolettöne des fünften Bundes zu spielen, mit dem Ziel, sie über die Saiten zu legen, so dass sie B dämpft, während du das G spielst. Sie sollte sich auch bewegen, um das G zu dämpfen, wenn du die D-Saite spielst. Wiederhole den Vorgang mit dem Ringfinger auf dem siebten Bund.

Im folgenden Beispiel alternieren wir ein tiefes Riff mit einer Note mit zwei verschiedenen Flageolettönen, um deine Kontrolle aufzubauen.

Beispiel 5b:

Verwende den kleinen Finger, um die Flageolettöne einzufangen, während der erste Finger über die Basssaiten gelegt wird, um sie gedämpft zu halten. Nimm dir Zeit, die beste Position für dein Hand und das Halsprofil zu finden.

Das bedrohliche Gefühl des folgenden Riffs wird durch die Einbeziehung der eindringlichen Flageolettöne verstärkt. Die tiefe E-Saite kann durchweg klingen und die Flageolettöne profitieren davon, dass sie sich überlappen können, um eine entsprechend dunkle Dissonanz zu erzeugen!

Beispiel 5c:

Flageolettöne am vierten Bund und darunter können schwieriger auszuführen sein als die am zwölften, siebten und fünften Bund, aber mit Hilfe von Verzerrung, dem Steg-Tonabnehmer und dem Anspielen in der Nähe des Stegs werden dazu beitragen, dass die Flageolettöne erfolgreich erklingen. Diese höheren Flageolettöne sind in Beispiel 5c dargestellt.

Der Flageoletton im dritten Bund im Takt eins wird kurz vor dem Bunddraht gespielt, nicht direkt darauf, denn dort ist der Flageoletton-Knoten. Diese leichte Diskrepanz zwischen der Bundlage und dem Flageoletton-Knoten ist ein gutes Beispiel dafür, wie sich die wahre Intonation und unser gleich temperiertes System unterscheiden.

Die nächste Flageoletton-Idee ist eher ein Klangeffekt als ein richtiges Riff, so dass diese Technik oft als Verschönerung oder Füllung verwendet wird.

Wir werden eine Reihe von natürlichen Flageolettönen spielen, indem wir leicht über die E-Saite zwischen dem Hals-Tonabnehmer und den höchsten Bünden streichen.

Dimebag Darrell und Mark Tremonti (Alterbridge) haben diesen Effekt genutzt und der Bassist Billy Sheehan nutzt diese Idee oft in seinen unbegleiteten Basssoli mit Mr Big und anderen Bands.

Beispiel 5d:

Slide willkürlich an der Saite über den höchsten Bünden bis zur Mitte des Tonabnehmers entlang

Pinch-Flageolettöne

Pinch-Flageolettöne (auch liebevoll als ‚Squealies' bekannt) sind die am aggressivsten klingenden Flageolettöne. Im Gegensatz zu natürlichen Flageolettönen werden sie vollständig von der Anschlagshand erzeugt, so dass die Greifhand frei bleibt, um dem gepinchten Ton Vibrato und Bends hinzuzufügen. In Kombination mit dem Rock-Vibrato sind Pinch-Flageolettöne eine gute Möglichkeit, Noten in Soli zu betonen.

Die Pinchtechnik selbst kann anfangs etwas schwierig zu erfassen sein, also heißt es probieren, probieren, bevor es klick macht. Spiele die Saite mit einem Downstroke an, der darauf abzielt, mit dem Plektrum die Saite so *durchzudrücken,* dass die Außenkante deines Daumens die Saite unmittelbar nach dem Plektrum berührt. Es hilft, nur die Spitze des Plektrums aus den Fingern herausragen zu lassen.

Sobald der Daumen mit der Saite in Berührung gekommen ist, nimm deine Hand weg, sonst wirst du die Saite vollständig dämpfen.

Änderst du die Stelle wo du die Saite anspielst, ändert sich die Tonhöhe der erzeugten Flageolettöne. Höhere Flageolettöne befinden sich näher am Steg-Tonabnehmer und tiefere werden über dem Hals-Tonabnehmer erzeugt. Experimentiere, indem du deine Hand der Saiten entlang zwischen dem Steg-Tonabnehmer und dem Hals auf und ab bewegst.

Abb. 2

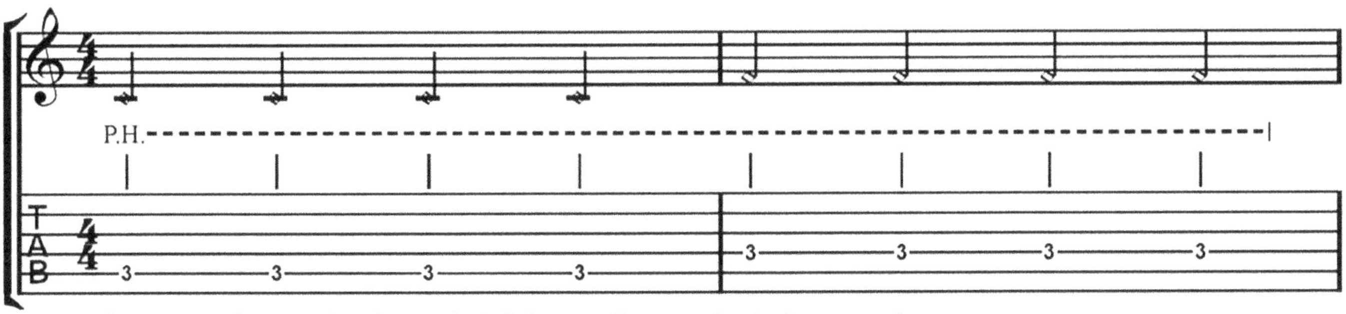

Zupfe vom Hals-Tonabnehmer in Richtung Steg und wieder zurück

Unser erstes Pinch-Flageoletton-Riff-Beispiel ist langsam und schwer, so dass du viel Raum hast, um dich auf die Pinch-Flageolettöne zu konzentrieren.

Beispiel 5e:

Das Bending in Takt eins sollte langsam und übertrieben sein und das Palm Muting sollte das Ganze fast vollständig dämpfen, um einen sehr perkussiven Klang zu erhalten. Betone das weite Vibrato.

Das nächste Beispiel ist im Stil von Slipknots Gitarristen Mick Thompson und Jim Root und kombiniert tight gespielte Stakkato-Rhythmen mit Pinch-Flageolettönen.

Die Flageolettöne mit starkem Vibrato zu spielen, hilft dabei, sie noch mehr zu betonen. Ich entschied mich, den ersten Flageolleton in der Nähe des Stegs zu spielen, um einen höheren Ton zu erzeugen, und den zweiten Flageoletton über dem Hals-Tonabnehmer zu spielen, um eine tiefere Tonhöhe zu erzeugen.

Beispiel 5f:

Das obige Riff kontrastiert abgeschnittenes tiefes Tuckern mit Flageolettönen, also stelle sicher, dass du mit der Greifhand vorsichtig dämpfst und halte die ersten Töne zwischen den einzelnen Powerchords separat.

Die wiederholten Flageolettöne im folgenden Riff können schwer zu treffen sein, besonders wenn gepinchte Flageolettöne neu für dich sind. Das Prinzip ist ähnlich wie bei Beispiel 5d, aber jetzt benutzen wir den Daumen der Anschlagshand, um die Punkte der Flageolettöne zu berühren, anstatt mit der Greifhand.

Während du nach unten durch die Saiten spielst, um die gepinchten Flageolettöne einzufangen, bewege die Anschlagshand entlang des Bereichs vom Steg bis zur Spitze des Griffbrettes, um verschiedene Tonhöhen hervorzuheben. Kehre für die Powerchords zum normalen Picking zurück.

Beispiel 5g:

Zupfe, während du dich um den Tonabnehmer-Bereich bewegst

Das letzte Beispiel beinhaltet beide Hände und zeigt, wie man vom Alternate Picking zu Pinch-Flageolettönen übergeht. Perfektioniere das Saiten-Crossing langsam, und halte den ersten Finger der Greifhand flach, um unbenutzte Saiten zu dämpfen.

Beispiel 5h:

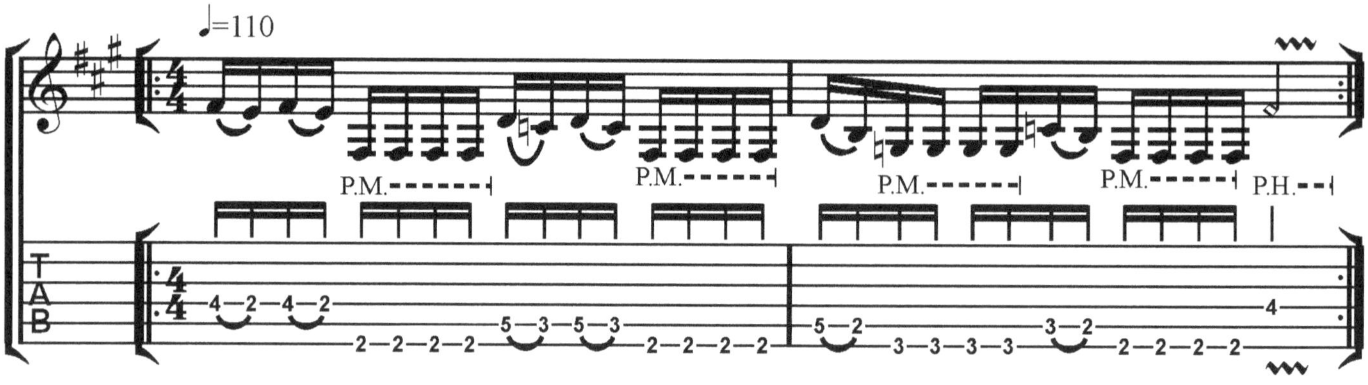

Getappte Flageolettöne

Getappte Flageolettöne sind weniger verbreitet als die vorherigen Techniken, klingen aber großartig, wenn sie mit Verzerrung gespielt werden. Sie sind eine schöne Möglichkeit, eine Note *nach* dem Anschlag zu dekorieren.

Die Idee ist es, eine Note normal zu spielen und dann schnell auf den Bunddraht 12 Bünde über der gegriffenen Note zu tappen. Die getappte Note wird nicht gehalten: Stattdessen solltest du darauf achten, so schnell wie möglich von der Saite weg zu springen.

Vibrato, Bendings und Whammy können nach Erreichen des Flageolettons hinzugefügt werden. Probiere zunächst einige getappte Flageolettöne isoliert aus. Denke daran, dass die Bundnummer in Klammern im Tab der getappten Note entspricht und die vorherige Note weiterhin gegriffen werden sollte.

Abb. 3

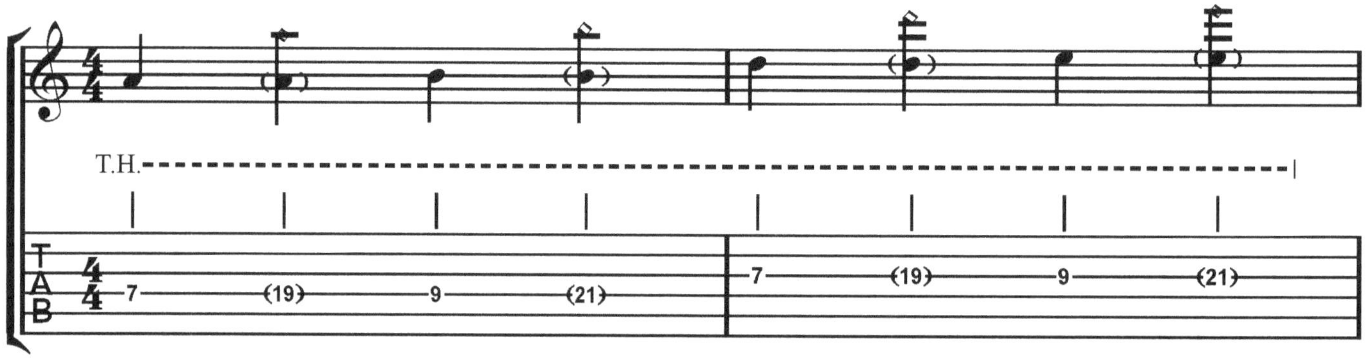

In Beispiel 5i ist ein 16-tel Noten Triolen-Rhythmus mit getappten Flageolettönen durchsetzt. Nutze diese Flageolettöne und verwende ein langsames, weites Vibrato. Gutes Vibrato verstärkt den „Schrei"-Effekt des Flageolettons.

Wenn du zwischen Rhythmus- und Lead-Ideen wechselst, stelle sicher, dass die unbenutzten Saiten schnell gedämpft werden. Im Allgemeinen sollte die Handfläche der Anschlagshand beim Lead-Spiel die Basssaiten bedecken und die Finger der Greifhand sollten beim Rhythmusspiel auf den Basssaiten über den Obersaiten liegen.

Beispiel 5i:

Beispiel 5j zeigt, wie getappte Flageolettöne verwendet werden können, um einen Akkord und einzelne Noten zu verschönern.

Die ersten vier Flageolettöne werden 12 Bünde über der gegriffenen Note getappt. In der zweiten Form ist der Tap 7 Bünde höher als die gegriffene Note und erzeugt Flageolettöne eine Oktave und eine Quinte höher.

Beispiel 5j:

let ring

Beachte, dass die Bundnummern in Takt zwei der Tabulatur die Bünde darstellen, die die *Anschlagshand* tappen sollte, um die Flageolettöne zu erzeugen, während der letzte Dsus2-Akkord vom vorherigen Takt gehalten wird.

Dream Theater Bassist John Myung ist mit harmonischen Ideen wie dieser auf *Images and Words* und *Awake* zu hören, und sie funktionieren genauso gut auf der Gitarre. Moderate Verzerrung sorgt für ein „Schillern" der Flageolettöne, ohne sie in schlecht definierten Brei zu verwandeln. Versuche, den Lautstärkeregler an deiner Gitarre auf etwa sieben herunterzudrehen, um weniger Verzerrungen durch deinen Verstärker zu erhalten.

Flageolettöne sind eine tolle Möglichkeit, deine Klangpalette zu erweitern, aber denke auch an ihre Platzierung innerhalb des Songs, wenn du Riffs schreibst. Zum Beispiel ist ein Riff, das eine starke Gesangsmelodie begleitet, möglicherweise nicht der beste Platz, um es mit kreischenden Pinch-Flageolettönen zu versetzen. Ebenso kann ein gehaltener Akkord unter einem Keyboard oder einer Drumverzierung alles sein, was benötigt wird, und das Hinzufügen von Touch-Flageolettönen würde die Textur zumüllen. Zu wissen, wann man sich zurückhalten sollte, wird helfen, das Schreiben dynamischer und effektiver zu gestalten.

Songs, die Flageolettöne verwenden:

The Dixie Dregs – Take it Off the Top (Intro)

Ozzy Osbourne/Jake E. Lee – Bark at the Moon (Half-Time Bridge)

Megadeth – Tornado of Souls (Intro)

Dream Theater – Erotomania (finales Intro Reprise)

Pantera – Cowboys from Hell (Post-Solo Riff)

Machinehead – Imperium

Black Label Society – Suicide Messiah

Slipknot – Duality (Pre-Strophe/Bridge)

Racer X – Superheroes (Pre-Refrain)

Kapitel Sechs: Riffs Schreiben

Bisher haben wir uns mit den vielen technischen und theoretischen Aspekten des Spielens von Metal-Gitarrenriffs beschäftigt. Diese sollen dir helfen, deine Lieblingssongs in Angriff zu nehmen und an den auftretenden technischen Herausforderungen zu arbeiten.

Mein Ziel beim Schreiben dieses Buches war es, dir zu helfen, die Kreativität und das musikalische Verständnis zu entwickeln, um mit dem Schreiben neuer Musik zu beginnen. Ich möchte nun fortfahren, indem ich mich auf den kompositorischen Aspekt der Metal-Gitarre konzentriere.

Sobald wir musikalische Informationen (wie Skalen und Technik) aufgenommen haben, müssen wir lernen, dieses Wissen anzuwenden und ein musikalisches Vokabular zu bilden. In diesem Abschnitt des Buches werde ich die Techniken und Skalen verwenden, die wir uns bereits angesehen haben, aber mit dem Schwerpunkt, sie kreativ einzusetzen. Ich werde untersuchen, wie Metal-Riffs allgemein gebaut sind und mir einige Ideen ansehen, mit denen du authentisch klingende Riffs selbst schreiben kannst.

Die meisten Rock- und Metal-Riffs sind aus einer kleinen melodischen Idee aufgebaut, die durch wiederholte Phrasen variiert wird. Der Zweck eines Riffs ist es, eine denkwürdige, instrumentale Idee zu sein, die den Song energetisch vorantreibt. Riffs können Gesangspassagen oder Instrumentalsoli unterstützen, bei denen komplexe melodische Ideen überladen und störend wären.

Wir werden uns einige Kompositionswerkzeuge ansehen, die dir zur Verfügung stehen, wie Orgelpunkte, Sequenzen und ungerade Taktarten.

Pedalton-Riffs

Der Orgelpunkt (Pedalton) ist die Technik, bei der eine konstante Note mit anderen Noten oder einer sich ändernden Melodie alterniert wird. Er könnte auch durchgehend als „Drone" gehalten werden, während sich andere Noten dagegen bewegen.

Der Begriff „Orgelpunkt" stammt aus der klassischen Musik und bezieht sich auf Orgelmusik, bei der die tiefsten Töne mit den Fußpedalen und nicht mit der Tastatur gespielt werden. Es ist normal, dass der Orgelpunkt die Bassnote in der Textur ist, aber auch ein hoher Orgelpunkt ist möglich, dies wird als „invertierter" Orgelpunkt bezeichnet.

Es gibt viele klassische Motive, die eigentlich ziemlich ‚metal' sind, und der Orgelpunkt ist definitiv ein häufiger Faktor. Höre im Intro von *Summer - Presto* aus Vivaldis Vier Jahreszeiten auf Orgelpunkte und J.S. Bachs sehr beliebte Toccata und Fuge in d-Moll (die zweifellos Einflüsse auf neoklassische Rockgitarristen hatten).

Pedalton-Riffs waren besonders bei den Thrash Metal-Bands der 80er Jahre beliebt und unser erstes Beispiel verdeutlicht das Konzept. In Beispiel 6a alternieren wir die Noten der natürlichen a -Moll-Skala mit der offenen A-Saite.

Achte darauf, dass die unbenutzten Saiten während der gesamten Übung still bleiben, indem du die höheren Saiten sanft mit nicht verwendeten Fingern dämpfst.

Versuche durchgängig Downpicking zu verwenden, um den besten Ton und den besten Anschlag zu erhalten.

Beispiel 6a:

Die nächste Idee ist ähnlich, aber die sich bewegenden Tonhöhen sind alle auf den Off-Beats. Rhythmische Akzente zu verändern kann einen großen Unterschied in der Spielweise eines Riffs ausmachen. Meistere diese ersten beiden Beispiele, damit du die gegriffenen Noten entweder auf dem On- oder Off-Beat platzieren kannst.

Beispiel 6b:

Diese Riffs sind auch eine großartige Möglichkeit, Skalen entlang der Länge jeder Saite zu lernen und gleichzeitig die Kontrolle und Ausdauer des Pickings zu üben. Versuche verschiedene Skalen über die Länge jeder Saite zu spielen, um Pedalton-Riffs zu erstellen.

In Beispiel 6c fügen wir der Idee zusätzliche offene Saiten hinzu, so dass die gegriffenen Noten auf einer Mischung aus On- und Off -Beats auftreten. Indem du weniger vorhersehbare rhythmische Muster für die Melodie erstellst, kannst du das Interesse der Zuhörer wahren.

Beispiel 6c:

Versuche eigene Riffs in diesem Stil zu erstellen, indem du die Tonhöhen und Rhythmen variierst.

Die vorherigen Beispiele wechseln zwischen einer einzelnen Note und dem Pedalton, aber jetzt werden wir *zwei* Noten mit dem Orgelpunkt alternieren. Achte hier auf die rhythmische Phrasierung; die beiden gegriffenen Noten kombiniert mit einem Orgelpunkt bedeutet, dass das Muster sich alle drei Noten wiederholt. Dadurch entsteht ein so genannter *Cross-Rhythmus*.

Höre dir das Audiobeispiel an, das dir hilft, den Rhythmus richtig zu spüren.

Beispiel 6d:

Während das *Motiv* im vorherigen Beispiel der bewegliche Teil war, verwendet das nächste Beispiel ein Orgelpunktmotiv, das sich mit einer beweglichen Einzelnote abwechselt. Dieses Beispiel ist eine großartige Übung für String Skipping und wird dir schnell helfen, deine Genauigkeit und Kontrolle zu erhöhen und dein Alternate Picking zu entwickeln.

Beispiel 6e:

Der Pedalton in Beispiel 6f wird mit dem umgekehrten Galopprhythmus kombiniert. Achte darauf deine Hände zu synchronisieren, um sicherzustellen, dass die Melodie klar zu hören ist. Versuche, einen 1/8-Notenpuls mit Downstrokes aufrechtzuerhalten, und verwende Alternate Picking für die 1/16-Noten.

Beispiel 6f:

Die meisten Metal-Riffs befinden sich in offenen Saiten-Tonlagen wie E und A, aber dieses nächste Beispiel ist in der weniger verbreiteten Tonart von eb-Moll.

Das Fehlen von offenen Saiten in dieser Tonart erschwert das Spielen des Riffs. Die komplexere Griffweise ist eine lohnende Herausforderung, da sie es dir ermöglicht, bestehende Songs neu anzuordnen und Ideen auf verschiedene Tonarten zu übertragen. Um dies zu veranschaulichen, ist Beispiel 6g in der Tat Beispiel 6a, das von e-Moll zu eb-Moll transponiert wurde.

Beispiel 6g:

Das folgende Beispiel erfordert ein entspanntes Alternate Picking, um die schnellen 1/16-Noten zu spielen. Den „Ausschlag" der Picking-Bewegung so klein wie möglich zu halten, hilft die Geschwindigkeit zu erreichen. Es ist üblich, dass diese Art von Idee im Einklang mit dem Double Kick Drum-Muster gespielt wird, also musst du rhythmisch genau sein, um im Takt zu bleiben. Die in Kapitel drei diskutierte Akzentuierungstechnik wird sich hier auszahlen.

Die Betonung der gegriffenen Noten hilft dir, im Takt zu bleiben. Die Verwendung von Legato für die letzten beiden Schläge des Taktes zwei variert den Ton des Riffs und gibt der Anschlagshand auch eine kurze Pause, um das Risiko von Krämpfen zu reduzieren.

Beispiel 6h:

Beispiel 6i ist ein weiteres Death Metal-Riff mit einem offenen E-Pedalton gegen ein kurzes chromatisches Motiv. Versuche erneut das Motiv mit der Anschlagshand zu betonen, sobald du genügend Kontrolle entwickelt hast, um es präzise zu spielen. Die Betonung bestimmter Noten erweckt Riffs zum Leben, indem sie ein Gefühl von Licht und Schatten vermitteln.

Beispiel 6i:

Riffs die über einen Orgelpunkt verfügen:

Iron Maiden – Wasted Years

Ozzy Osbourne – *Crazy Train* (Vers)

Metallica – *Damage Inc.* (bridge)

Yngwie Malmsteen – *Vengeance*

Dream Theater – Panic Attack (Intro)

Muse – Stockholm Syndrome

Arch Enemy – Nemesis

Sequenzierung von Riffs

Musik mit der stärksten Wirkung findet ein Gleichgewicht zwischen Einheit und Vielfalt. Mit anderen Worten, sie sollte in der Lage sein, das Interesse des Publikums zu wecken, indem sie sich auf neue Weise entwickelt, während sie sich gleichzeitig auf das bereits Gehörte bezieht. Sequenzen sind eine gute Möglichkeit, diese Art von Struktur zu erreichen und sind ein beliebtes Mittel in allen Musikrichtungen.

Die barocke Cembalomusik war voll von Sequenzen, was sich als großer Einfluss auf das Rock-Solo in den 70er und 80er Jahren erwies. Wenn du daran interessiert bist, kann ich die Musik von J.S. Bach und die Sonaten von Scarlatti empfehlen, um dein Verständnis von Skalenmustern zu verbessern.

Das folgende einfache Rock-Riff verwendet die a-Moll-Pentatonik. Das Triolen-Feeling synchronisiert sich mit der absteigenden Sequenz von drei Noten. Wenn du Legato verwendest, achte darauf, dass das Timing so präzise ist, als ob du anschlagen würdest.

Beispiel 7a:

Unser zweites Beispiel verwendet ein Muster von drei Noten in natürlichem b-Moll, aber jetzt wird das Beispiel mit einem geraden Takt gespielt. Das bedeutet, dass der Beginn jeder Dreiergruppe jedes Mal auf einen anderen Teil des Schlages fällt, um einen häufig verwendeten Cross-Rhythmus zu erzeugen.

Wenn du dir etwas Zeit nimmst, um den Rhythmus zu verinnerlichen, wirst du beginnen, sowohl die Gruppierungen mit drei Noten als auch den 1/4-Noten-Impuls gleichzeitig zu spüren. Akzentuiere die erste Note jedes Motivs mit drei Noten und tippe mit dem Fuß zu dem 1/4-Noten-Puls.

Beispiel 7b:

Versuche nun, Fragmente dieser Skalenfolge mit Picking-Zellen auf einem Pedalton einer offenen Saite zu mischen. Beachte wie das Timing des Riffs durch Variation der Länge jedes Sequenzmusters synkopiert wird. Nimm dir die Zeit den Rhythmus genau zu verinnerlichen, bevor du schneller zu spielen beginnst.

Beispiel 7c:

In Beispiel 7d wird eine zweitaktige Pedalton-Idee durch mehrere Schritte der c#-Molltonleiter sequenziert. Obwohl die Akkordsymbole Powerchords anzeigen, ändern sich die Doppelgriffe im Riff, um der erwarteten Dur- oder Molltonalität jedes Orgelpunkts gerecht zu werden.

Konsequentes Downpicking würde normalerweise verwendet, um diese Idee zu spielen, aber du kannst sie auch gerne mit Hybridpicking versuchen. Das Zupfen der hohen Doppelgriffe mit dem Mittel- und Ringfinger zusammen hilft das diese mit mehr Twang und Attack herausstechen.

Beispiel 7d:

Beispiel 7e ist eine lange Phrase in E-Phrygisch die sich durch verschiedene Positionen am Hals bewegt. Die Anfangsphrase wird so angepasst, dass sie den Noten der Skala in jeder Form entspricht.

Beispiel 7e:

Diese Idee könnte gespielt werden, indem man sich über die Saiten in einer Position bewegt, aber es gibt drei Hauptvorteile, wenn man sie entlang des Halses verschiebt:

- Es ist einfacher zu visualisieren für die Greifhand

- Der Picking-Teil bleibt für jeden Teil der Sequenz gleich

- Der Ton der Noten bleibt gleichmäßiger

Versuche immer auf den tiefsten Saiten der Gitarre zu spielen, wenn ein dicker Rocksound erwünscht ist, da diese mehr Bass- und Mittelfrequenzen bieten.

Es ist möglich interessante rhythmische Variationen zu erzeugen, indem man mathematische Regeln auf die Entwicklung einer musikalischen Idee anwendet. Beispiel 7f enthält eine charakteristische Idee von Progressive Metal-Bands wie Dream Theater und Spastic Ink.

Im folgenden Beispiel sind zwei Sequenzen im Einsatz. Zuerst bewegen sich die melodischen Noten mit jeder Wiederholung der Phrase durch die E-Äolische Skala nach oben. Dann kürzen wir allmählich unser ursprüngliches Viertaktmuster, so dass die Wiederholungen kürzer werden.

In Takt drei werden die letzten vier Noten des ursprünglichen Riffs verworfen. Zwei Takte später werden die ersten vier Töne des Musters entfernt, und bei Takt sieben gehen wieder weitere vier Töne verloren, so dass die letzten beiden Wiederholungen nur vier Töne von den ursprünglichen sechzehn enthalten. Zähle sorgfältig, damit du nicht durcheinander kommst.

Beispiel 7f:

Diese allmähliche Verkürzung des Musters vermittelt ein Gefühl der Beschleunigung, obwohl sich das Tempo nicht ändert. Die Wirkung dieser sich entwickelnden musikalischen Idee besteht darin, nach der Spannung der rhythmischen und melodischen Sequenzen zu einem starken Höhepunkt zu gelangen.

Das nächste Beispiel entwickelt die Idee der „subtraktiven" rhythmischen Sequenzen. Diesmal haben wir ein Skalenmuster, das für acht 1/16-Noten anhält. Jedes Mal wenn sich die Phrase wiederholt, verlieren wir eine Note, bis nur noch eine übrig ist. Der Prozess kehrt sich dann um und fügt eine Note nach der anderen hinzu, um wieder zum ursprünglichen Motiv zu wachsen.

Um mit Timing und Kontrolle zu helfen, verwende Alternate Picking, aber denke daran, dass die Phrase manchmal mit einem Downstroke und manchmal mit einem Upstroke beginnt, da sich die Phrasenlängen ändern. Es ist gut Phrasen zu üben, die sowohl mit einem Up- als auch mit einem Downstroke beginnen, um sich auf diese ungleichmäßigen Arten von Riffs vorzubereiten.

Beispiel 7g:

Das Stück *Coming Together* des zeitgenössischen amerikanischen Komponisten Frederic Rzewski ist ein gutes Beispiel für diese Art von musterbasiertem Schreiben.

Riffs, die Sequenzierung enthalten:

Racer X – Technical Difficulties

Nevermore – Born

Lovefist – Dangerous B*stard (Bridge Riff)

Black Sabbath – Symphony of the Universe

Pantera – Cowboys from Hell

Dream Theater – Fatal Tragedy (Struktur der Gitarre/Keys Soli)

Angra – Speed

Ungerade Taktarten

Die letzten Beispiele gingen kurz in die Welt der ungeraden Taktarten ein, aber bisher wurden fast alle Beispiele im Buch in 4/4 geschrieben. Die überwiegende Mehrheit der Musik, die du je gehört hast, ist in 4/4 geschrieben, weshalb sie für dich wahrscheinlich auch so natürlich klingt. Je nach kultureller Herkunft können sich jedoch auch andere Zählarten wie 5/4, 7/4 oder 7/8 völlig natürlich und tanzbar anfühlen.

Ungerade Taktarten sind besonders in der traditionellen Balkan- und nordafrikanischen Musik verbreitet.

Viele Metallbands, insbesondere solche, die von Weltmusik oder Progressive Rock beeinflusst werden, haben ungerade Taktarten für ganze Songs, ohne aus dem Gleichgewicht zu geraten (z. B. Tools *Jambi* oder Alice in Chains *Them Bones*), obwohl ungerade Taktarten normalerweise ein Gefühl musikalischer Spannung erzeugen.

So wie dissonante Harmonie eine Spannung erzeugt, die aufgelöst werden muss, erzeugt ungleiche rhythmische Phrasierung auch eine „metrische Dissonanz", die durch den Übergang zu einer geraden Taktart gelöst wird.

Der Schlüssel zum Spielen in jeder Taktart (und zur Entwicklung eines starken Taktgefühls im Allgemeinen) liegt darin, den Rhythmus der Musik instinktiv zu spüren. Laut zu zählen ist ein guter Anfang, aber Wiederholungen und das Hören von viel Musik in verschiedenen Metriken sind beide wichtig, wenn man ungerade Takte meistern will.

Lass uns zusammenfassen, wie Rhythmen unterteilt werden können, um zu verstehen, wie ungerade Taktarten formuliert und gefühlt werden.

Wie du weißt, wird ein Takt von 4/4 gleichmäßig in vier 1/4-Noten aufgeteilt. Jede 1/4-Note ist in zwei 1/8-Noten unterteilt und diese können weiter in 1/16-Noten unterteilt werden:

Ein Takt von 6/8 ist in sechs 1/8-Noten unterteilt, wobei die Akzente auf der ersten und vierten 1/8-Note liegen. Obwohl ein Takt von 6/8 die gleiche Länge wie ein Takt von 3/4 hat, fühlt sich 6/8 wie zwei Gruppen von Triolen an. 3/4 fühlt sich wie eine einzelne, langsamere Gruppe von Dreiern an.

Das Erlernen von Kombinationen aus Dreier- und geraden Takten eröffnet ein neues rhythmisches Vokabular. Diese Art von Gefühl ist der traditionellen Musik mehrerer Balkanländer und in den Werken von klassischen Komponisten des 20. Jahrhunderts wie Bartok und Strawinsky gemeinsam, die von der Musik anderer Kulturen inspiriert wurden. Tatsächlich nennen viele Metalmusiker Strawinsky als Inspiration, also hör dir eine Aufnahme seines bombastischen Orchester-Meisterwerks ‚The Rite of Spring' an - es ist purer Metal!

Um unseren Blick auf ungerade Taktarten zu beginnen, starten wir mit 6/8. Obwohl es sich nicht um eine „ungerade" Taktart handelt, ist der 6/8 Takt weniger verbreitet als der 4/4 Takt, und die Erforschung seiner Möglichkeiten wird dir helfen, dich mit anderen, komplexeren Metriken auseinanderzusetzen.

Tippe mit dem Fuß auf den ersten und vierten Taktschlag des Taktes. Höre dir den Klick im Audio an, damit du die Phrasierung der drei Noten spüren kannst.

Beispiel 8a:

Wenn du Probleme damit hast, tippe mit dem Fuß auf alle sechs 1/8-Takt-Schläge, um die Unterteilungen zu verinnerlichen und dich mit dem Rhythmus vertraut zu machen.

Das nächste Beispiel verdeutlicht den feinen Unterschied zwischen 6/8 und 3/4. Ein klassisches Beispiel für diesen Rhythmus ist Amerika aus Leonard Bernsteins West Side Story, das später von der frühen Progressive Rock-Gruppe The Nice gecovert wurde.

Wenn du die Texte im Hinterkopf behältst, kannst du dich mit dem sich ändernden Puls der Musik verbinden.

Beispiel 8b:

Dieses nächste Riff in 7/4 beinhaltet viele Powerchord-Slides. Oft gibt es verschiedene Möglichkeiten, musikalische Ideen zu notieren, die sich dahingehend nur subtil verändern, wo der rhythmische Schwer-punkt liegt. Dieses Riff hätte auch als sich abwechselnde Takte von 4/4 und 3/4 notiert werden können.

Beispiel 8c:

1/8-Noten Ungerade Taktarten

7/8 ist halb so lang wie 7/4 und kann wie ein Takt von 4/4 gefühlt werden, wobei die letzte 1/8-Note entfernt wurde, um dreieinhalb Schläge pro Takt zu erhalten. Der Effekt ist, dass sich der Puls jetzt überstürzt anfühlt, da Taktschlag eins früher als erwartet kommt und dieses Gefühl der Instabilität rhythmische Spannung erzeugt.

Beispiel 8d:

7/8 ist im Intro zu Steve Vais The Attitude Song zu hören.

Die Taktart von 5/8 fühlt sich wie 6/8 an, wobei die letzte 1/8-Note entfernt wurde. Vergleiche Beispiel 8e mit Beispiel 8a und du wirst sehen, dass die Phrasierung ähnlich ist.

Um 5/8 zu fühlen, zähle bis fünf, während du die Schläge eins und vier betonst. Sobald du angefangen hast, den Sound und das Gefühl des folgenden Riffs zu verinnerlichen, kannst du aufhören zu zählen und es sollte sich wie ein langer Taktschlag anfühlen, gefolgt von einem kürzeren.

Beispiel 8e:

5/8 ist im Mittelteil von Dream Theaters Octavarium zu hören.

Kombinieren von Taktarten

So wie wir melodische Motive variiert haben, indem wir sie im Kapitel Sequenzierung in verschiedene Tonhöhen transponiert haben, können wir die Taktarten von Riffs variieren, indem wir Noten hinzufügen oder weglassen.

In diesem Beispiel sind beide Takte im Wesentlichen gleich, aber am Ende des zweiten Taktes wird eine 1/8 Note-hinzugefügt.

Beispiel 8f:

Ein ähnliches Beispiel für diesen „additiven" Prozess ist in dem Bridge-Abschnitt von Mastodons Blood & Thunder zu hören.

Ein weiteres Beispiel für das gleiche Konzept beginnt mit einem 4/4 Takt, aber diesmal ziehen wir eine 1/8-Note ab und kreieren so einen 7/8 Takt. Der erste Takt wird dann wiederholt und mit einem Takt von 9/8 beantwortet (diesmal fügen wir eine 1/8-Note hinzu).

Beispiel 8g:

Diese Art der rhythmischen Variation findet sich im Intro des Symphony X Songs Inferno.

Ungerade Taktarten können mathematisch verwirrend sein, so dass es beim Schreiben von Riffs oft kreativer ist, die Idee zu spielen, wie man sie hört, und die Taktarten später herauszufinden.

Als nächstes kombinieren wir sowohl die Tonhöhe als auch die metrische Variation. Dies ist eine gängige Idee im Progressive Rock, Metal und Fusion. Arbeite jeden Takt sorgfältig durch und merke ihn dir isoliert. Es ist leicht hier durcheinander zu kommen, besonders wenn man diese Art von Ideen nicht kennt. Versuche, mit dem Audio zu klatschen, um den Puls zu verinnerlichen.

Beispiel 8h:

Verwende durchgehendes Alternate Picking um dieses Beispiel zu spielen, aber beachte, dass einige Takte aufgrund der ungeraden Taktlängen mit einem Upstroke beginnen. Akzentuiere den Anfang jedes Taktes mit einem härteren Anschlag, auch wenn es sich um einen Upstroke handelt.

1/16-Noten Ungerade Taktarten

Während 5/8 und 7/8 auf 1/8-Notenteilungen basierten, teilen die folgenden Taktarten den Taktschlag auf einem 1/16-Notenniveau. Die Taktart der 1/16-Note kann auf dem Papier einschüchternd wirken, aber das Prinzip der Unterteilung der Taktschläge bleibt das gleiche.

Das nächste Beispiel ist in 11/16 geschrieben, dass aus zwei 1/4-Noten-Schlägen und drei 1/16-Noten gebildet wird. Um dem Audio zu folgen, solltest du die 1/16-Noten zählen. Das Zählen in 11/16 kann bei höheren Geschwindigkeiten schwierig sein, aber die folgende Abbildung zeigt, wie man durch den Takt zählt.

Beispiel 8i:

Die nächste Idee ist in 15/16 geschrieben. Eine gute Möglichkeit, diese Riffs zu üben, besteht darin, sie zu verlangsamen und den Fuß in 1/8-Noten zu tappen, um mehr Referenzpunkte zu erhalten.

Versuche, den Takt von 15/16 in kleinere Abschnitte aufzuteilen, um die Dinge besser handhabbar zu machen. So können beispielsweise die ersten beiden 1/4-Noten-Schläge getrennt von den restlichen sieben Sechzehntel geübt werden. (Das Gefühl von sieben sollte von den Beispielen in 7/8 bekannt sein).

Setzte den zweiten Takt in ähnlicher Weise zusammen, und wenn alle Teile bequem zu spielen sind, kombiniere die beiden Takte zu einem vollen Riff.

Beispiel 8j:

Diese auf 1/16-Noten-basierten Taktarten kommen in der Musik von Bands wie Planet X und Sikth vor und können zunächst desorientiert wirken, aber das ist oft der beabsichtigte musikalische Effekt!

Ungerade Taktarten könnten ein ganzes Buch ausfüllen, und die Möglichkeiten, sie zu kombinieren und zu schichten, sind nahezu unbegrenzt. Dieses Kapitel sollte dir jedoch geholfen haben, sie beim Hören von Musik zu erkennen und zu verstehen, wie sie logisch aufgegliedert werden können.

Songs die ungerade Taktarten enthalten:

Tool – Vicarious (5/4)

Metallica – Blackened (7/4, 3/4)

Dream Theater – The Test That Stumped Them All (7/8)

Mastodon – The Wolf Is Loose (7/8)

Machinehead – Days Turn Blue to Grey (7/8)

Cynic – Textures (9/8)

Pantera – I'm Broken (7/8)

Slipknot – Welcome (10/8)

Planet X – Snuff (5/4, 7/8, 11/16)

Gojira – The Art of Dying (21/16)

Kapitel Sieben: Drop-D-Stimmung

Bisher wurde jedes Beispiel in der „normalen" EADGBE-Stimmung gespielt, aber es ist üblich, dass Metal-Gitarristen eine Reihe anderer Stimmungen verwenden. Die Verwendung verschiedener Stimmungen bietet neue musikalische Möglichkeiten und kann helfen, aus dem kreativen Trott auszubrechen, indem sie einen zwingt, alte Muster und Fingersätze zu verwerfen.

Die meisten alternativen Stimmungen im Metal senken die Tonhöhe der Saiten, um einen schwereren Klang zu erzeugen, aber sie können auch verwendet werden, um Riffs mit offenen Saiten auf eine für den Sänger komfortablere Tonart zu übertragen.

Wenn die Tonhöhe einer Saite gesenkt wird, wird die Saite aufgrund der fehlenden Spannung schlaff, was ein präzises Picking schwieriger macht und möglicherweise zu einem schlecht definierten Anschlag führt. Wenn du beabsichtigst, eine tiefere Stimmung über einen längeren Zeitraum zu verwenden, wechsle zu einer dickeren Saitenstärke. Viele Saitenhersteller produzieren Sets, die extra für die tiefere Stimmung entwickelt wurden.

Alternative Stimmungen sind ein sehr vielfältiges Thema, und die Bandbreite der verfügbaren Stimmungen könnte ein ganzes Buch füllen. In diesem Kapitel werden wir uns ansehen, wie Metal-Gitarristen die gängigste alternative Stimmung, *Drop D,* verwenden.

Die meisten alternativen Stimmungen in Metal sind transponierte Formen der Standard- oder Drop-D-Stimmung. Das bedeutet, dass die Intervalle zwischen den Saiten gleichbleiben, während die Stimmung der gesamten Gitarre nach unten verschoben wird. Aus diesem Grund denken die meisten Gitarristen immer noch in Standard-Stimmung, unabhängig davon, auf welche Tonhöhe sie tatsächlich gestimmt haben.

Drop D war besonders beliebt bei den Nu Metal- und Alternative Rock-Gruppen der 90er und frühen 2000er Jahre, um fette, Powerchord-basierte Riffs zu erstellen.

Drop D-Stimmung senkt die tiefe E-Saite um einen Ganzton zum D, so dass das Intervall zwischen den beiden niedrigsten Saiten nun eine Quinte ist. Das bedeutet, dass Powerchords leicht gespielt werden können, indem man einfach die unteren drei Saiten im Barré spielt. Powerchords-Riffs, die sonst zu schwierig sauber auszuführen wären, sind nun leicht zu spielen. Schau dir den Mittelteil von Slipknots *Surfacing* an, wo ein schnelles chromatisches Einzelnotenriff als Powerchords mit Drop D-Stimmung wiederholt wird.

Spiele die Powerchords in Beispiel 9a entweder mit dem ersten oder dritten Finger der Greifhand, als ob du eine einzelne Note spielen würdest, aber lege den Finger über drei Saiten. Experimentiere mit Fingerwinkel und Druck, damit du die höheren Saiten stumm hältst, indem du sie mit der Unterseite der Finger dämpfst.

Beispiel 9a:

Tune bottom E string to D

Diese Art von schleifenden Drop D-Riffs in Kombination mit einem Disco-beeinflussten Drum Beat trugen dazu bei, Rammsteins unverwechselbaren Sound zu kreieren.

Wenn die tiefe E-Saite einen Ganzton heruntergestimmt wird, ändert sich das Verhältnis ihrer Noten zu den Noten der anderen Saiten. In der Drop-D-Stimmung befindet sich die höhere Oktave D nun am fünften Bund der A-Saite, während in der Standard-E-Stimmung die Oktave E am siebten Bund liegt. Metal-Gitarristen in Drop D-Stimmung nutzen diesen Oktavsprung sehr gut, also sei dir bewusst, dass seine Position sehr wichtig ist. Diese Idee wird im folgenden Beispiel gezeigt.

Beispiel 9b:

Tune bottom E string to D

Das folgende Beispiel verwendet die Drop-D-Stimmung, um in e-Moll zu spielen. Dieses Riff wäre in der Standard-Stimmung wegen der Verwendung von b7 (D) unter dem Grundton unmöglich.

Beispiel 9c:

Tune bottom E string to D

In Drop D-Stimmung sind sowohl die sechste als auch die vierte Saite auf die Note D gestimmt, was uns erlaubt, mit einigen coolen neuen Ideen zu spielen. Hier ist ein Pedalton-Riff auf der 4. Saite, das auf der 6. Saite wiederholt wird.

Achte auf den 5/4-Takt dieses Beispiels. Höre dir das Audio an, um den Rhythmus fest in deinen Kopf zu bekommen.

Beispiel 9d:

Tune bottom E string to D

Die erste Linie dieses Riffs könnte ein effektives Intro zu einem Song bilden, beginnend mit einer einzelnen Gitarre, die die Linie auf der höheren D-Saite spielt, bevor die gesamte Band hinzukommt und das Riff eine Oktave hinunter zur tiefen D-Saite springt. Dank der Drop D-Stimmung kann das Riff leicht eine Oktave tiefer gespielt werden, während die Griffweise gleich bleibt.

Das Experimentieren mit anderen Stimmungen, die die Standard-Stimmung-Intervalle aufbrechen, kann zu tollen und unerwarteten Ideen führen. Versuche, eine oder zwei Saiten um einen Ton zu verstimmen und normale Akkordformen zu spielen, um zu hören was passiert! Lass dich von deinem Ohr führen, um zu entscheiden, ob dir die Ergebnisse gefallen. Du kannst die Namen deiner neuen Akkorde oder Skalen später jederzeit herausfinden.

Der Einsatz von sieben- und achtsaitigen Gitarren wird bei technischen und progressiven Metal-Gitarristen immer häufiger, nachdem sie in den 90er Jahren von Steve Vai und den Nu-Metallern KoRn erstmals populär gemacht wurden. Diese Instrumente ermöglichen den Zugang zu tiefen Tonlagen, ohne den normalen Tonumfang der Standard-Stimmung zu beeinträchtigen. Sie können auch interessante Akkordmöglichkeiten schaffen, indem man Bassnoten den Hals hochschiebt.

Bands die alternative Stimmungen verwenden:

Rammstein – Drop D

Killswitch Engage – Drop C (CGCFAD)

Between the Buried and Me – C# Standard (C#F#BEG#C#)

Slipknot – Drop B (BF#BEG#C#)

KoRn – 7-saitige Gitarren, Drop A (ADGCFAD)

Black Label Society (BADGBE bei *Low Down)*

Kapitel Acht: Der amtliche Sound

Nachdem wir so viele Elemente der Metal-Gitarre untersucht haben, sollten wir darüber sprechen, wie wir den besten Sound bekommen, wenn wir spielen. Die große Auswahl an Gitarren, Verstärkern, Pedalen und Tonabnehmern auf dem Markt kann die Suche nach dem richtigen Equipment zu einem langen und potenziell teuren Prozess machen. In diesem Kapitel werde ich auf Ausrüstung und Effekte eingehen, um dir zu helfen, fundierte Entscheidungen beim Kauf von Equipment zu treffen.

Ich habe auch einige Hinweise beigefügt, die dir helfen, den besten Ton aus deinen Fingern und deiner Ausrüstung herauszuholen.

Wenn Gitarristen zum ersten Mal mit einer Band spielen, stellen sie oft fest, dass ihr Sound nicht so ist, wie sie es sich wünschen und anders klingt, als wenn sie alleine spielen. Oft wirkt die Gitarre zu leise oder zu matschig und dünn. Die häufigste Ursache dafür ist zu viel Distortion und destruktive EQ-Einstellungen, obwohl oft die Schuld darin gesucht wird, dass der Verstärker zu klein ist oder andere Pedale benötigt werden.

Während qualitativ hochwertige Geräte helfen einen professionellen Sound zu erzeugen, ist es auch kein Problem, einen schlechten Sound auf einem hochwertigen Verstärker zu erzeugen. Zu wissen, *wie* man einen Verstärker einstellt, ist ein großer Faktor. Das Wichtigste zu verstehen ist, dass ein toller, leiser Ton in deinem Schlafzimmer auf der Bühne oder im Proberaum sehr anders klingt.

Glücklicherweise arbeiten alle Verstärker nach den gleichen Prinzipien, so dass du durch das Erlernen der Bedienung der Funktionen an einem Verstärker verstehen wirst, was du von den anderen erwarten kannst, denen du in Zukunft begegnen wirst.

Equalizer (EQ)

Der EQ ist das wichtigste Werkzeug, um den Klang deiner Gitarre zu verändern, und alles, vom Tone Potis deiner Gitarre bis zum Wah-Wah-Pedal, ist eine Form des EQs, da sie alle die Frequenz der Gitarre in irgendeiner Weise filtern. Einige der wichtigsten Änderungen an deinem Klang werden jedoch durch die Equalizer-Regler an deinem Verstärker vorgenommen.

Unabhängig davon, ob dein Verstärker über einfache Regler für Bass, Mitte und Höhen oder einen vollständigen grafischen Mehrband-EQ verfügt, die Klangeinstellungen des Verstärkers trennen den Klang der Gitarre in separate tonale „Bänder", so dass du die relativen Lautstärken jedes Bandes unabhängig voneinander ändern kannst.

Ein häufiger Fehlgebrauch von EQ ist es, die Mitten zu ‚scoopen', indem du den mittleren EQ-Tonregler am Verstärker herunterdrehst. Dieser Sound wurde oft nachgebildet, seit er auf frühen Thrash-Aufnahmen zu hören war. Das Problem ist, dass dieser gescoopte Ton zwar im Schlafzimmer (oder sogar bei Aufnahmen, bei denen die Gitarre alleine aufgenommen wurde) hervorragend funktioniert, aber diese mittleren Frequenzen den Hauptteil des Klangs der Gitarre bilden. Das Abschneiden der Mitten kann dazu führen, dass die Gitarre komplett verschwindet, wenn sie neben Bass und Schlagzeug gespielt wird. Dieses Problem wird noch durch preiswertere Einsteiger-Amps mit weniger ausgeprägten Mitten verschärft.

Wenn du im Mix nicht durchkommst, versuche, die Mitten an deinem Verstärker zu erhöhen, um einen deutlicheren Rhythmuston zu erzeugen. Rockgitarristen verwenden oft ein externes EQ-Pedal, um ihren Mitteltonbereich weiter zu verstärken, was dazu beiträgt, dass Solos den Mix durchbrechen.

Röhre oder Transistor?

Herkömmliche Röhrenverstärker verwenden Vakuumröhren, um das Signal deiner Gitarre zu verstärken. Sie sind in der Regel teurer und wesentlich schwerer als Transistorverstärker. Röhrenverstärker zeichnen sich durch wärmere, ausgeprägtere Mittenfrequenzen aus. Der Ton eines Röhrenverstärkers ändert sich mit zunehmender Lautstärke, da die Röhren das Gitarrensignal komprimieren, um eine Art Verzerrung zu erzeugen, die als *Overdrive* bezeichnet wird, wenn sie härter bearbeitet wird.

Obwohl eine reiche, röhrengenerierte Verzerrung sehr wünschenswert ist, kann es irritierend sein, je nach Lautstärke unterschiedliche Einstellungen finden zu müssen.

Im Gegensatz dazu sind Solid State- oder *Transistorverstärker* in der Regel billiger, leichter und robuster als Röhrenverstärker, so dass sie besser für den häufigen Gebrauch auf der Bühne geeignet sind.

Die Verzerrungs- und Overdrive-Kanäle eines Transistor-Verstärkers können härter und spröder klingen als bei einem Röhrenverstärker. Es gibt jedoch Gitarristen, die diesen Sound favorisiert haben, vor allem Dimebag Darrel in den Pantera-Jahren.

Es kann verlockend sein, große, beeindruckend aussehende Verstärker zu kaufen, besonders wenn es sich um das Modell handelt, das dein Lieblingsgitarrist benutzt. Die Art der Röhrenverstärkung bedeutet jedoch normalerweise, dass ein großer Verstärker, der bei geringer Lautstärke verwendet wird, einen weniger wünschenswerten Klang liefert als ein kleiner Verstärker, der hart arbeitet. Sei realistisch! Wenn du in deinem Schlafzimmer spielst, brauchst du dann wirklich einen 100-Watt-Stack?! Ein 15-Watt-Vollröhrenverstärker kann mehr bewältigen als den durchschnittlichen Gig in einer Bar.

Verstärker vs. Rack/Amp-Modelling?

In den letzten Jahren hat sich die Qualität der Multi-FX- und Amp-Modellierungshardware rasant entwickelt. Ob durch Laptop-Software, Pedale oder spezielle Rack-Einheiten, sie können den Sound eines beliebigen Verstärkers schnell reproduzieren, zu einem Bruchteil der Kosten für den Erwerb des Originals. Dies ist eine verlockende Option, besonders für Gitarristen, die eine breite Palette von Sounds kreieren wollen.

Modelliergeräte arbeiten oft mit einem *patchbasierten* System, was bedeutet, dass alle Parameter eines Sounds (Amp-Typ, Einstellungen, Booster, Effekte, Signalkette usw.) gleichzeitig mit nur einer Taste geändert werden können, anstatt einen Step-Dance über ein ganzes Pedalboard vornehmen zu müssen.

Der Kompromiss zu dieser Flexibilität besteht darin, dass der erzeugte Klang immer noch eine Emulation von „echtem" Equipment ist, und nur das beste Amp-Modellierungsgerät reagiert gut auf dynamische Veränderungen in deinem Spiel. Wenn du die Bandbreite der Sounds, die du benötigst, nur mit den Kanälen am Verstärker und einer bescheidenen Anzahl von Pedalen erreichen kannst, dann könnte es besser sein, in einen hochwertigen Verstärker zu investieren, als in einen Multi-FX- oder Modellierungs-Amp.

Boosts, Distortion und Noise Gates

Im Gegensatz zu einem Distortion-Pedal, das der Gitarre eine „künstliche" Verzerrung hinzufügt, macht ein Boost-Pedal das Eingangssignal zum Verstärker einfach lauter, so dass die Röhren des Verstärkers mehr Kompression und natürliche Verzerrung bieten.

Viele Spieler verwenden ein Boost-Pedal in Verbindung mit dem Overdrive ihres Verstärkers, um ihren Rhythmuston zu erzeugen. Ein sekundäres Boost-Pedal wird oft verwendet, um das Signal zu erhöhen und beim Solo Gain hinzuzufügen. Das beliebteste Boost-Pedal ist der Ibanez Tubescreamer, dessen Name den Zweck des Pedals gut beschreibt.

Wenn du den Pegel der Verstärkung eines Signals erhöhst, ist es wahrscheinlich, dass das elektronische Rauschen entlang des Signalpfads zunimmt, was zu einem Brummen oder Summen durch den Verstärker führt. Dieses Brummen kann besonders problematisch sein, wenn man bei Auftritten oder Bandproben laut spielt. Dieses Brummen wird durch den Einsatz eines *Noise Gates* vermieden.

Noise Gates legen eine Schwellenlautstärke (*Threshold*) für das Signal fest. Das Noise Gate schließt sich, wenn das Eingangssignal der Gitarre unter den Schwellenwert fällt und stoppt alle durchgehenden Signale, einschließlich des Summens der Pedale. Wenn du mit dem Spielen beginnst, überschreitet das Signal den eingestellten Schwellenwert und das Gate öffnet sich, so dass der gesamte Klang durchgelassen wird, jedoch geht das Brummen nun unter dem Gitarrensignal verloren.

Der Ton ist in den Fingern

Große Gitarristen sind an ihrem „Sound" ebenso erkennbar wie an den tatsächlichen Noten, die sie spielen. Der Besitz des gesamten Equipments deines Lieblingsspielers lässt dich oft überhaupt nicht so klingen wie sie, denn beim Ton geht es ebenso sehr um Kontrolle und Artikulation wie um Gitarre und Verstärkerwahl.

Es ist sinnvoll, eine gute Kontrolle auf dem Instrument zu entwickeln, bevor man darüber nachdenkt, wie man das Signal dann mit Effekten oder dem Verstärker verarbeitet. Die Idee ist, einen starken Ton zu verstärken, anstatt Unzulänglichkeiten in deinem Spiel auszugleichen.

Unplugged oder durch einen sauberen Verstärker zu üben ist oft sehr aufschlussreich, da Verzerrungen eine Vielzahl von Sünden überdecken können. Experimentiere indem du den Winkel des Plektrums variierst, und wo du auf den Saiten spielst, um verschiedene Töne zu finden. Das Picking in der Nähe der Bridge führt zu mehr Höhen, während das Picking über dem Griffbrett die Bässe und den Mitteltonbereich betont.

Eine E-Gitarre kann am Steg, dem Sattel und dem Halsstab eingestellt werden, damit sich die Gitarre beim Spielen so angenehm wie möglich anfühlt. Ein gutes Setup kann oft eine preiswerte Gitarre in eine sehr spielbare verwandeln.

Der Abstand zwischen den Saiten und dem Griffbrett wird als *Action* (Saitenlage) bezeichnet und die Action wird hauptsächlich auf dem Steg der Gitarre eingestellt. Eine niedrige Saitenlage wird sich leichter anfühlen, da es weniger Energie und Bewegung benötigt, um sie zu greifen, aber es kommt oft zu einem Tonverlust.

Versuche, die Saitenlage so hoch wie möglich zu halten, während du trotzdem in der Lage bist, deine Ideen perfekt umzusetzen, ohne zu hart arbeiten zu müssen. Seit den 80er Jahren ist es üblich, dass Metal-Gitarristen mit sehr niedrigen Saitenlagen spielen (bis zu dem Punkt, an dem die Saiten fast auf den Bünden liegen), aber der Ton dieser Gitarristen kann manchmal unbefriedigend sein, wenn es darum geht, lange Töne zu halten.

Saiten und Plektren

Ein Wechsel von Saiten oder Plektren kann einen radikalen Einfluss auf den Klang und das Gefühl deiner Gitarre haben. Dickere Saiten erzeugen einen kräftigeren Ton, weil mehr Metall über den Tonabnehmern vibriert und weil die Saiten mit einer höheren Spannung gehalten werden.

Der Kompromiss mit dicken Saiten besteht darin, dass du mehr Kraft benötigst, um sie zu benden, so dass weite Bendings schwierig sein können. Da von Rockgitarristen in der Regel erwartet wird, dass sie sowohl Rhythmus- als auch Leadparts spielen, kann es sinnvoll sein, Kompromisse einzugehen, indem man .10er-Saiten ausprobiert, da diese nur etwas dicker als der Durchschnitt sind. Wenn du ausschließlich Rhythmusgitarre spielst, dann kannst du etwas Dickeres für einen stärkeren Ton in Betracht ziehen.

Hohe Spannungen auf den Saiten können dazu beitragen, die Picking-Konsistenz bei höheren Geschwindigkeiten zu verbessern. Dicke Saiten reagieren schneller auf einen Picking-Schlag, während dünne Saiten in einem größeren Bogen schwingen und einen weniger definierten Ton erzeugen.

Die gleiche Logik gilt auch für Plektren: Ein starres Plektrum wird nicht durch die Saite gebogen und erzeugt einen schnelleren, gleichmäßigeren Attack. Die Wahl eines Plektrums mit einer spitzen (und nicht einer abgerundeten) Spitze kann ebenfalls dazu beitragen, einen klar definierten Attack zu erzeugen.

Viele Rockgitarristen, die für ihre Picking-Fähigkeiten bekannt sind, verwenden Plektren, die mindestens 2 mm dick sind, obwohl es immer Ausnahmen von der Regel gibt: Yngwie Malmsteen verwendet dünne Saiten mit dünnen Plektren und hat eindeutig keine Probleme mit Geschwindigkeit oder Konsistenz!

Schluss

Puh, da haben wir es! Damit ist unsere Tour durch die Metal-Rhythmusgitarre beendet. Obwohl wir nur die Oberfläche eines sehr breit gefächerten Musikgenres angekratzt haben, habe ich versucht, einen Leitfaden zu erstellen, der das weitere Lernen und Hören fördert. Mit den Fähigkeiten, die du durch das Studium dieser Seiten erworben hast, solltest du nun in der Lage sein, Songs selbst zu lernen und diese Techniken in verschiedenen Situationen anzuwenden.

Als Abschiedsempfehlung möchte ich sagen, dass der Schlüssel zu einem kompetenten Musiker darin besteht, gleichmäßig an den Fähigkeiten zu arbeiten, die ihn zu einem versierten Spieler machen.

Technisches Können, Hörverständnis, Theorie und das Spielen mit anderen Musikern sollten gleichermaßen geübt werden, da jedes Element die Entwicklung des anderen unterstützt. Es gibt viele Transkriptions-bücher, außerdem DVDs und YouTube-Lektionen, die dir Informationen liefern. Eine übermäßige Abhängigkeit von diesen Quellen kann jedoch dazu führen, dass deine Ohren unterentwickelt bleiben. Nimm dir auch Zeit, um Songs nach Gehör zu transkribieren.

Das Transkribieren von Riffs von Aufnahmen verbindet das Spielen von Noten auf dem Griffbrett mit ihrem Sound. Das ultimative Ziel ist es, etwas spielen zu können, sobald man es hört.

Die ausgeprägte Fähigkeit Musik nach Gehör zu spielen, wird dein Vergnügen sowohl als Musiker als auch als Zuhörer erhöhen. Der Unterricht einer fremden Sprache vernachlässigt nie die Hörpraxis, wie es der Musikunterricht oft zu tun scheint!

Wenn du Musik hörst, versuche dich auf die Rhythmus-Gitarrenparts zu konzentrieren und herauszufinden, wie der Part gespielt wird. Ist er gedämpft gespielt (muted)? Beinhaltet er schnelles Picking oder gibt es Hammer-Ons und Pull-Offs?

Fortschritte beim Spielen nach Gehör sind schwieriger zu messen als Metronomgeschwindigkeit oder theoretische Informationen, aber jedes Mal, wenn du aktiv Musik hörst, Melodien transkribierst und singst, trainierst du deine Ohren. Mit wachsender Hör- und Spiel-Erfahrung wirst du zu einem bewussteren Musiker werden und dein Gehör verbessern.

Danke, dass du dieses Buch gelesen hast. Ich hoffe, es ist hilfreich auf deiner Reise ins Metal-Gitarrenspiel.

Rock on!

Rob